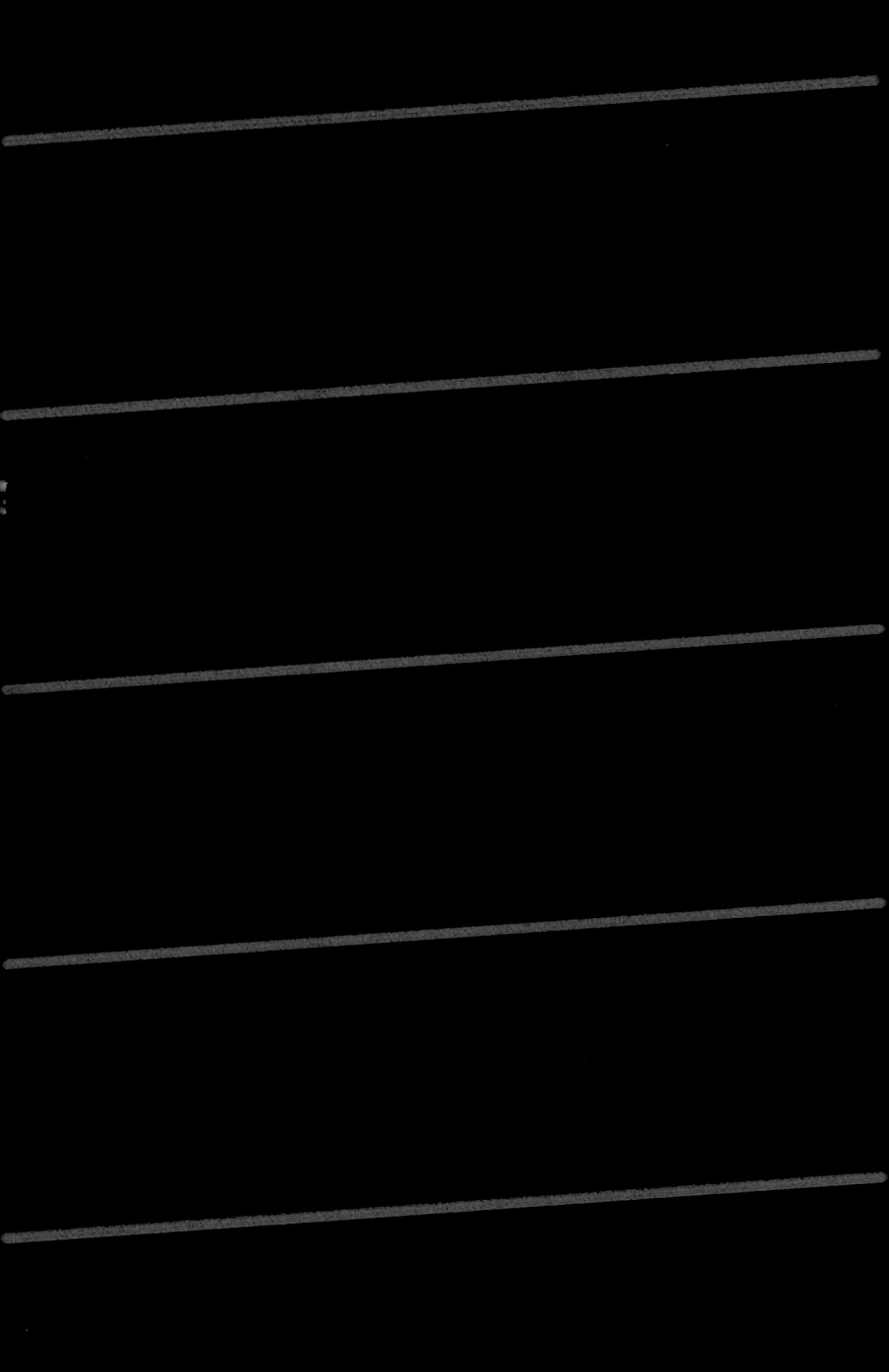

# なぜISIS《イスラム国》は平気で人を殺せるのか

“アメリカの無策”と“サウジ・イラン代理戦争”の代償

ベンジャミン・ホール――著
夏野翠――訳
**髙山正之**――解説

ビジネス社

# 目次

## 〈中東図〉

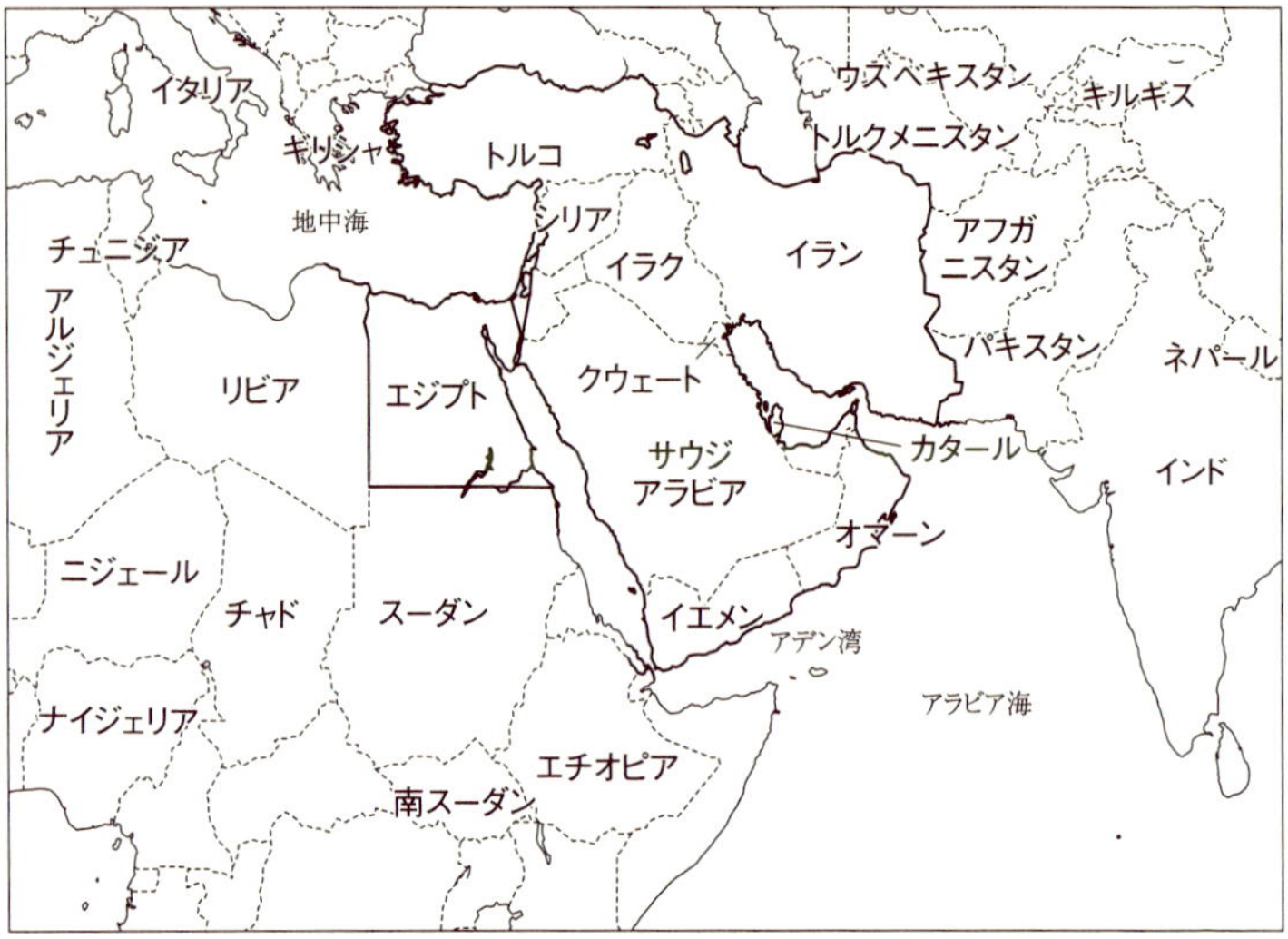


## 〈ISIS支配地区〉

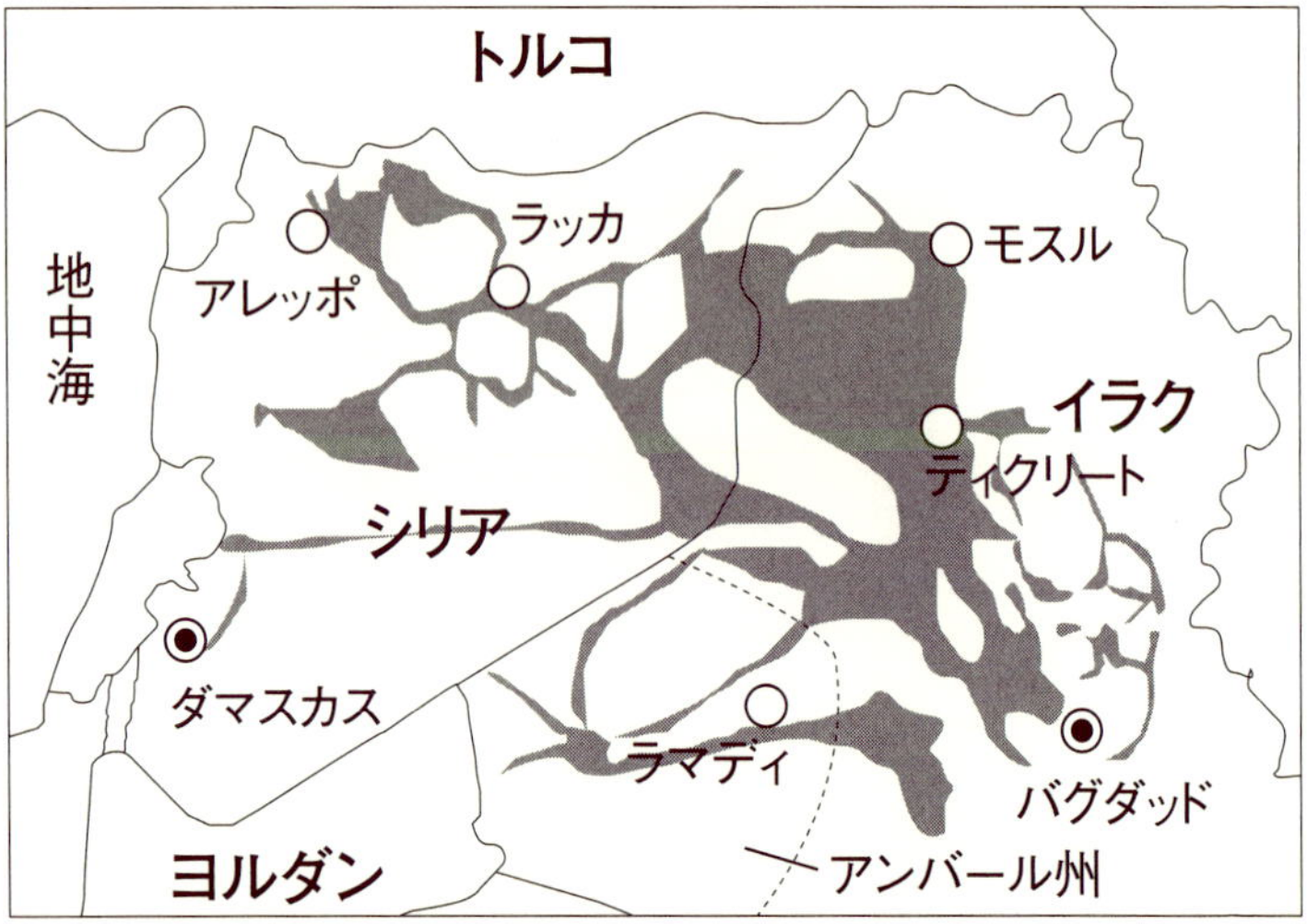


注：イラクのティクリートは、2015年3月にイラク軍が7割がた奪還したとされ、モスル奪還に向けても作戦が進行中とされる。

# 序章

ＩＳＩＳ（イスラム国）の〝首都〟ラッカでは暗雲が垂れ込むなか、それでも住民たちは日々の営みを続けている。数千人もの外人部隊が街なかを闊歩《かっぽ》し、「道徳警察」が近隣を監視し、ゆすりとたかりが横行し、女性たちは怯《おび》えて暮らす。ＩＳＩＳはそんな中世の時代へと人々を逆戻りさせている。日々公衆の面前で、人々は首を切られ、石打ちの刑で殺され、両手を切り落とされる。刑務所では拷問による呻《うめ》き声が絶えることなく、そこへ送り込まれた人々の多くは帰ることはない。音楽は禁止されて祈りが強制される。同性愛の男たちは屋根から突き落とされ、赤子は戦闘の巻き添えで命を失う。ＩＳＩＳの兵士たちは笑い、冗談を飛ばしながら、少女たちを買いレイプし殺す。

時が経てば経つほど連中を〝巣箱〟から追い出すことが困難になる。連中が足場を固めるほどに、ますます彼らの支配に説得力を与えることになる。

侮蔑《ぶべつ》と血だけを好む、これまでにない子供たちが育ちつつある。彼らは銃を持ちたいと親にせがみ、親は親で子供たちにコーラン以外の教育は受けさせない。そんな子供たちへの洗脳を許せば、文明の衝突とあらゆる進化の終焉へと行き着くだろう――これぞＩＳＩＳの望むところだ。

我々は連中の先回りをしなければならない。連中を根絶やしにし、見せかけの国家をつくらせてはならない――彼らは国家などではない、テロリストにすぎない。連中は狂気の集団であり、今の世界に彼らの居場所はない。

ＩＳＩＳは我々の壊滅に執念を燃やしている――彼らの信じるところは我々とは真逆であり、したがって彼らは息が続くかぎり我々を攻撃し続けることは疑いないであろう。

アメリカ当局は、連中の地盤は強固ではないと言っているが、状況は悪化している。彼らは都市部へ浸透し、これまでの支配地域での影響力を強め、住民たちに我々への敵意を煽《あお》り、数千もの無辜《むこ》の人々を拷問・殺戮《さつりく》している。シリアとイラクの中に、狂気の国を誕生させてはならない。我々を攻撃できる基地をつくらせてはならない。それをやり抜くために、絶対に弱腰になってはいけない。

彼らの実態は定かでないが、二〇一四年一二月のＣＩＡの情報によると、イラクとシリアの国境地域に二万～三万一五〇〇人の戦闘員がおり、過激派が世界中から集まるにつれ、その数はさらに増えつつある。

私が初めてＩＳＩＳと遭遇したときのことは一生忘れられないだろう。乾燥した熱気のなかに黒い旗がはためいていた。彼らは五〇メートルほど先を行ったり来たりして、笑い声を上げ、じゃれ合いながら、こちらをさかんに挑発した。さながらそれは我々と彼らの間の――正義と不義、善と悪の底知れない狭間《はざま》にかかった最前線の橋だった。

彼らの足取りは自信に満ち、彼らが笑い声を上げるのがはっきりと聞こえた。彼らは武器をこれみよがしに見せびらかし、腕を組んで、こちらに手を振ってみせた。彼らは私たちが一緒にいた兵士たちよりも、はるかに武器に恵まれ準備も万端、資金も潤沢で、それを彼らは百も承知していた。

連中は戦闘意欲にあふれ、死ぬのは本望で、身を隠したりはしなかった。片やクルド人兵士たちは、私の傍らで砂丘の窪みにしゃがみ込んで、恐る恐る敵をのぞき見しながら、神に無事を祈るだけだった。

私がもっとも衝撃を受けたのは、このとき彼らが見せた自負だった。対峙するクルド人兵士たちとは対照的に、彼らは情熱と相手を殺す気と自信にあふれていて、これが敵の心に恐怖を植えつける。それこそが彼らの信念であり、それが相手を恐れおののかせるのだ。しかし、彼らがいかに残忍非道で力を持っていようとも、打ち負かすことはできる。

私は写真家のリック・フィンドラーと六年間、この地域の紛争をあちこち取材し、自由を求める革命が起きるのを、そしてそれも束の間、前よりもひどい政権がそれに取って代わるのを目の当たりにしてきた。

リビアで戦士たちが町を次々に解放してこの国を取り戻し、囚人たちを獄から解き放ち、家族たちを再会させたときの喜びようが、今も忘れられない。またシリアで革命が始まったばかりのころ、人々が独裁者を叩き出せると信じて街路で喜び合っていたさま、あるいは新しい民主主義のシンボルとして中東の地図を塗り替えることになったかもしれないエジプトのタハリール広場での出来事も、忘れられない。しかし、いまやそれらの希望の灯は消え去り——中東は以前よりももっと強大な敵に直面し、それはクモの巣が広がるように成果を挙げつつある。

ＩＳＩＳについては、あの悪魔の聖戦《ジハード》だけでは語ったことにならない。あるいはシリアやイラクや中東のことを語るだけでも十分ではない。長年にわたるあらゆる混沌《カオス》、苦悶にさいなまれている地域、恐怖にさらされている全世界の問題として語らなければならない。それこそが、中東とは何かを明らかにすることにつながり、さらには数十年間にわたって西欧が果たしたことが何かを明らかにすることにもつながる。

今こそ、こうしたことがなされねばならない。本書では、舞台の裏側へ、すなわち連中が支配する街や軍事訓練キャンプや監獄へと読者を案内しようと思う。連中が生まれるきっかけとなった戦闘、兵士たちが補充《リクルート》されるプロセス、連中のプロパガンダ作戦、資金、政治についても詳しく述べる。連中の世界の内側へと出かけるのである。

あらゆる点からも、「混沌」は不可避である。中東ではさまざまなグループや国がそれぞれの課題《アジェンダ》を抱えており、その多くは、宗教上や政治上の理由から、他のグループや国を撲滅するのに血道を上げているからだ。しかし、そうした内なる分裂状態が西側世界に対する憎悪を生む要因ともなっており、これにはなんとしても対処しなければならない。

しかし、オバマ政権の無関心によって事態はいっそう悪化している。オバマの不干渉政策で情勢は後戻りできない地点を超えた。今すぐ手を打たなければ取り返しのつかないことになる――いや、もう時すでに遅しかもしれない。多くのチャンスが失われたが、それでもやらねばならない。敵はいわばアルカイダのバージョン2・0で、パワーでも残忍さでもはるかに強大化しているのである。

おぞましいことに、ＩＳＩＳを強大化させる諸条件が、今まさにそれにふさわしい場所を得て見事に整いつつある。その結果、連中はもはや戦場で一掃することができる軍隊などではなく、主義《イデオロギー》と化しており、日に日に成長をとげつつある。それは、前の世紀から中東で生起したあらゆる事象の結果であり、ひょっとしたら次の世紀でもその流れは変わらないかもしれない。

ＩＳＩＳはアルカイダが二〇年かかってできなかったことをわずか二年でなしとげ、イラクとシリアをまたぐ地域を支配したが、アルカイダと違って、彼らは高い山の洞窟に隠れたりはしない。ニネヴェ（古代アッシリアの首都、現在のイラク北部）の平原に堂々と立ち、武器も資金も潤沢で、戦いを呼号している。数年先には、彼らはここを確実に我が物にし、シリアとの戦闘の混乱のなかでこの地の人心を掌握、戦闘の主導権をにぎり、巨額の資金を手に入れ、このガンを除去することは絶望的になる。こんな予測もあながち妄想とはいえないのである。

今やＩＳＩＳは、この地域の安定に対してだけでなく、世界の秩序にとっても大いなる脅威となっている。この中東の混沌をこのままの状態で封じ込めることなどありえない。西側諸国の介入がなければ、連中が今以上に支配力を強めることは確実である。アメリカをすら狼狽《ろうばい》させる彼らの急速な勢力伸長は、これにさまざまな条件が加われば、あの金融恐慌にも匹敵する「究極の嵐」を引き起こす引き金にまでになった。

ＩＳＩＳの勃興は、サウジアラビアとイランの代理戦争だという側面も見落としてはならない。それは互いが中東での覇権を握るための積年の争いであり、スンニ派とシーア派の確執は、アメリカとロシアの冷戦と同じように、いやそれ以上に相手を抹殺するまでやむことはない。

一方でこれは、人間のやることは貪欲《どんよく》で際限がないというシンプルな悲劇の物語でもある。何百万もの人々が戦闘と政治の狭間で全てを失った。家族は生き別れになり、あらゆる文化は破壊つくされた。これは多くの人々の悲劇の物語であり、単なるチェスゲームなどでは断じてない。

アラブの春は、独裁者を倒して新しい自由な西側諸国型の政府を手中にできるという希望を抱かせたが、事はそうは簡単にはいかなかった。多くの国々では抑圧が続いたまま国内が二分され、過去の贖罪《しょくざい》はかなわなかった。その無残な事例がシリアのバッシャール・アル・アサド大統領で、彼は権力を握り続け、敵対する宗派の敵愾心《てきがいしん》をいっそう燃え上がらせることで、かえってISISの伸長を後押ししている。

ISISがどこでどう生まれたかを知ろうとすると、新しい人物も出てくるし、昔の人物の名も登場する。アイデンティティははっきりしている反面、忠誠心は一貫せずにねじれている。連中はどこから生まれたのかは不明なまま、この二年で自らの統治国《カリフェイト》を打ち立てたと主張している。

彼らを気のふれたテロリストにすぎないと見る考えは改めなければならない。連中は、意欲にあふれ、よく組織され適応力に優れ、躊躇することなく皆殺《ジェノサイド》しや民族浄化をやってのける。断じて甘く見ることなく真剣に立ち向かうべき脅威なのである。

二〇一三年に登場してから、彼らはさまざまな名で呼ばれてきた。いわく、ISIS、ISIL、IS、そしてDAESH《ダーイシュ》。それぞれがどんな由来でどれが正しいのか。ここで、それを明らかにし、なぜ本書ではISISを使用するのかを述べておく。

まずISISだが、これはThe Islamic State in Iraq and Al-Shamの頭文字からとったもので、アラビア語のAl-Dawla Al-Islamiya fi al-Iraq wa al-Sham（イラクとシャームのイスラムの国）の直訳

である。なお「シャーム（alは定冠詞）」とは、シリアとレバノンに、トルコとヨルダンの一部を加えた地域で、七世紀にイスラムが実効支配した地域を歴史的に継承したものだ。

　それ以前はＩＳＩＳはＩＳＩ（Islamic State in Iraq）だったが、やがてシャームへ侵出、この地域で支配を確立しようと勢力を伸ばしつつある。

　いっぽうＩＳＩＬはオバマ大統領が好んで使う。シャームのＳがレバントのＬに代わっているだけである。レバントはシャームと同じ地域をさすが、あくまでも英語であって、いささか時代がかっている。なぜかといえば、そもそもはラテン語の「Ｌｅｖａｒｅ（レバーレ）」、ローマ帝国の時代、地中海から昇る太陽が照らす地域、すなわちシリア、トルコ、ヨルダンにエジプトの一部を含む地域の呼称に由来する。

　二〇一四年六月、ＩＳＩＳは「イスラム国」に名称変更すると宣言した。すると、驚いたことに、多くの主力メディアはテロリストたちの主張に追随した。これは大問題である。「イスラム国」を宣言することで、連中は自らを正当化――すなわち、この地が自分たちの統治国《カリフェイト》であり、立派な独立国家だと言わんとしたのである。

　テロリスト・グループにそんな主張を許すなど笑止千万であり、ましてや連中の独立宣言を承認するなどまったく馬鹿げている。世界中のイスラムの人々の大多数も連中の傲岸《ごうがん》な振る舞いを認めなかったにもかかわらず、メディアは今もこの呼称を使い続けている。

　最後はＤＡＥＳＨ《ダーイシュ》だ。これはアラビア語の頭文字からとられたもので、中東世界では広く使われている彼らへの通称だが、侮蔑が込められていて、ＩＳＩＳのメンバーはこれを嫌っている。足で踏みつぶされたゴミくず同然の表現で、私もこう言われたら心穏やかではいられない。

そこで本書では、彼らが初めてその名で知られるようになった呼び名、すなわちＩＳＩＳで通すことにする。

# 第一章　ＩＳＩＳの帰郷

## 二〇一三年一一月、イラク、バグダッド

冬のイラク、身の引き締まるような朝の空気に包まれ、巡礼者たちはカルバラ（イラク中部の都市、シーア派の聖地）に向かってゆっくり歩いていた。男たち、女たち、子供たちが、混み合った道路を重い足取りで進んでいく。誰もが疲れていたが、ある者は祈り、ある者は旗を振っていた。

雰囲気は喜びに満ちていた。それはこの日がシーア派にとって一年でもっとも重要な巡礼日「アーシュラー」だからであり、およそ一五〇〇万人が、第三代イマーム、フサインの殉教をほめたたえるためにフサイン聖廟をめざしていた。

バグダッドとカルバラ間で公道が封鎖され、その沿道にテントが立ち並び、巡礼者たちに休息の場や食べ物が提供された。人々はテントのなかで交流し、食事を共にし、政府から支給された米や肉や

野菜の入った共同の大鍋から物をよそって食べた。家族でこの日を祝っていた。

自爆テロリストが足を踏み入れたのはこうしたテントの一つだった。彼は憎きシーア派を殺そうと心に決め、道路沿いに張られたおびただしい数の非常線を避けて潜入していた。

彼は両腕を空中に挙げ、「アッラー・アクバル（神は偉大なり）」と叫んだ後、着ているベストを爆破させようと手を下ろした。近くにいた兵士たちが必死で彼の両腕をわきに押さえつけ、身動きさせまいとした。騒ぎが大きくなり、人々がパニックに陥ると、彼は片手を強引に放し、自爆した。

爆風がテントを切り裂き、テロリストのそばにいた人々を消散させ、肉体の断片を二〇〇メートル上空に舞い上がらせた。子供二人を含む一〇名が即死し、三四名が負傷した。

爆破がもたらす光景ほど気色の悪いものはない。血の海が道路を覆い、体の破片がいたるところ、壁の上、車の上、人々の上に散乱している。腕、胴体、もつれ合った髪、足の指がそこらじゅうにある。負傷者たちは運べるところならどこへでも運ばれる。何か埋葬できるものを親類縁者に渡すため、男たちが歩き回って足の指や手を拾い上げ、肉体の断片をごみ袋に詰め、血と脂が滴り落ちるその袋をライトバンまで運んでいく。

さまざまな組織から来た何百人もの警察官や兵士たちが当てもなく動き回る。管轄権をめぐって言い争い、叫び、けんかをする。混沌《カオス》そのものだ。家族や友人たちが目の前の光景を見て泣き叫び、さらなる口論が始まり、あっという間に暴動が起きる。西洋人なら、しょっちゅう罪を着せられる。「スパイだ、イスラエルのスパイだ！」と人々が叫ぶのである。

イラク人にとって爆弾はもはやありきたりの物だ。爆弾は、ペン、懐中電灯、本、ティーカップ、旗竿、廃棄された電話の充電器、靴など、子供だけでなく大人も拾い家に持ち帰りそうなありとあらゆる物のなかに潜んでいる。攻撃の無差別性とはこういうことだ。ＩＳＩＳの台頭を決定づけたのがこの残忍性であり、誰が最初に宗派主義をエスカレートさせたのかと延々と議論しているうちに、今ではシーア、スンニ両サイドが相手を非難し、両サイドが責めを負うべき事態になっている。

## マリキは間違っている

「イラク政府のせいで、地域レベルの指導や助言や無数の交流がすべて水泡に帰した。イラク政府は自ら、宗派主義の政治目標に進む道を意図的に選び、住民のあらゆる階層を疎外し、ＩＳＩＳが帰還し繁栄する環境を生み出したのだ」——アメリカ統合参謀本部議長マーティン・デンプシー

ＩＳＩＳはシリア革命から派生し成長したというのが一般的な見方だが、実のところ、ＩＳＩＳが生まれ大きく成長したのはイラクにおいてだ。イラクを窮地に追い込んだのは、一方では一〇年に及ぶ自爆テロであり、もう一方では政府による異なる宗派への残虐行為だ。シーア、スンニ両サイドの日常的な攻撃が、ＩＳＩＳ繁栄の道を開いたのである。

確かに、ＩＳＩＳが今日のように強大になったのはシリアにおいてであり、彼らは分裂し混乱を極めた戦場にもぐり込み勢力を拡大した。だが、その種が最初に蒔《ま》かれたのはイラクの地であり、イラク国内にくすぶっていた宗派的な不満が彼らの繁栄につながる条件を生み出したのだ。二〇〇三年の

アメリカ主導の侵攻と、戦後、壊滅状態のイラク国家の再建が進められるなか、一つの暗雲が広がりはじめていた。

サダムの軍隊を打破したのちアメリカが最初に着手したのは、イラク国内の各勢力に配慮した包括的な新政府を誕生させることだった。首相はシーア派、大統領はクルド族、副首相はスンニ派という具合に。ところが、これはすぐに失敗し、首相ヌーリ・アル・マリキは周囲の懇願を無視して権力を自分の周りに集中し始めた。自分の期待にのみ応える政治色の濃い権力維持装置をつくり出し、シーア派である隣国イランに指導と支持を仰いだ。アメリカ統合参謀本部議長デンプシーは言った。「我々はイラクにチャンスを、機会を与えた。しかし、イラクはその機会を逃してしまった」と。

イランは一九八〇年から一九八八年にかけてサダム・フセインと長期戦を戦ってきた。そこで、二〇〇三年にフセインが失脚するや、国境の敵を味方と見なすことにした。また、イラクをコントロールすれば、シリアやレバノンにいる仲間や協力者たちに直結する道筋ができ、大敵サウジアラビアやイスラエルに対抗する影響を及ぼすことができるとも考えた。

そこでイランは、西部のスンニ派地域を孤立させ、北部で独立するというクルド族の夢を打ち砕くことで国家を掌握しようとするマリキに協力しはじめた。イランがイラクで力を増すと、マリキはテヘランに直接応答しはじめた。アメリカの大敵であるイランが、イラク戦争から最大の恩恵にあずかるとは大いなる皮肉だ。

イラク戦争後に犯された重大な過ちは、サダム時代のバース党員全員を即座に締め出したことだ。元バース党員は全員、新設されたイラク軍（雇用と治安の要）に入ることを許されず、その結果、イラクの国家運営は経験の乏しい人々の手にゆだねられることとなり、その一方で不満を抱く多くのバース党員が全てを失った。何千人もの教師、医師、教授、軍人たちは全員、サダムの率いる党に参加していたという理由だけで公職から追放された。バース党はフセイン体制下では実質上、絶対的な党であったのだ。

元バース党員たちは家族を支え養っていくことができなくなり、彼らの怒りは、国の西部で繰り広げられていたテロ活動に参加することが唯一の選択肢であり、没落した今の状況を変える唯一の道だと思うまでに達していた。こうしたバース党員の粛清は、イラク侵攻の最大のしくじりの一つと見なされている。経験豊かな将校たちが排除された結果、未熟な兵士たちが新設の防衛軍を運営することになった。二〇〇八年、バース党員の一部は公職追放が解除されたが、もう取り返しがつかなかった。マリキ率いるシーア派が支配権を握り、一歩も譲らなかったのだ。

## ノスタルジー

「ＩＳＩＳを支持するサダミスト（フセイン派）たちがいる。彼らはサダムが政権から追われた後、謀反を起こした。お金、大量の人的資源、大量の武器弾薬等々を持った謀反である。それはたぶん、たぶんだが、近代史においてもっとも〝効果的な謀反〟だろう」――アメリカ陸軍元副参謀長ジャック・キーン将軍イラク戦争後の何年かのうちに、イラク西部に住むスンニ派の多くがサダム・フセイン時代の治安のよさを懐かしむようになっていた。その時代は、独裁体制下にあっても今よりは政権に近く、日常的な無差別攻撃を受けることがなかったからだ。イラクの北部と西部でフセインの人気が再燃し、多くの家に彼の写真が飾られるようになった。二〇一二年、私が起居を共にしていたイラク人兵士のグループは、フセインとその息子たちをたたえるビデオを見ながら臆することなく「父さん、父さん」と叫んでいた。

現在ヨルダンに住んでいるサダム・フセインの娘ラガード・フセインは、ISISがモスルを攻撃した後インタビューに応じ、支持を声明した。「こうした勝利が見られてうれしい。いつかイラクに戻り、父のお墓参りをしたい。すぐには実現しないかもしれないけど、必ず実現するわ」。その後、彼女は「イラクにおけるテロ行為を扇動した」かどでインターポール（国際警事警察機構）に告発された。

バース党員たちは一〇年の長きにわたり、国を奪還する日を夢見てイラクでひっそり暮らしていた。スンニ派の村落に身を隠し、中央政府の攻撃を受けるごとに支持を集めていった。彼らは定期的に拘束され、拷問を受け、姿を消していった。結局、こうした要素をポスト・フセインのイラクに持ち込ませたのはアメリカ政府の失敗だ。こうした要素がISIS繁栄の条件を生み出し、今日の騒乱の元凶となったのだ。

元バース党員たちは、強い絆で結ばれた地域の部族に入り込み、豊富な軍事経験を生かして多くの追随者を指揮することができたし、ISISにも影響を及ぼすことができた。モスル制圧における指揮官三人はバース党員であり、同時にISISのトップテンのなかの八人がバース党員だった。かつてフセインが兄弟も同然と見なしていた元指揮官イザト・イブラヒム・アル・ドゥーリも、モスルにいて戦いを指揮していたと噂されている。彼は一〇年間カタールとシリアに潜伏したのち、今でもISISの指導的人物であり続けている（注：二〇一五年四月、ティクリート郊外で戦死とイラク軍が発表）。

二〇一四年六月、ISISがイラク国内を進撃しているとき、途中で攻略した村や町を統率できたのは、こうしたネットワークのおかげだった。テロリストの中核部隊や自由部隊は、別のターゲットに向かって進軍を続けることができた。バグダッドやシーア派の聖地があるカルバラやナジャフでは、市民権を奪われたスンニ派の部族が支配権を保っていたのである。彼らはISISに好意的だった。「実戦に堪《た》える戦闘部隊といえども、ISISだけではあれほど広大な領域を掌握できなかっただろう」とクルド人の情報将校は私に語った。「バース党員とスンニ派の各部族（ナクシュバンディ軍という新しい名称で連携していた）の助けがあってこそ、快進撃を続けられたのだ」と。

ISISの進撃を止めるのに欠かせないのは、こうした忠誠心を覆すことだろう。結局、イラクにおけるISISの協力者の多くは聖戦《ジハード》論者ではなくナショナリストだからであり、二つの害悪があるなら、より小さいと思った害悪を選ぶからだ。そうした逆転劇は以前にもあった。

## ＩＳＩＳ以前

ＩＳＩＳが強大化したのは、元バース党員と不満を持つスンニ派の部族によるものだけではない。確かに、イラクにおいて彼らに初期の力を与えたのはこうした事情だが、彼らの根本的な〝核〟は何十年も前から国内に存在していた。世界的な聖戦に関していえば、彼らはみごとな血統を継いでいる。ＩＳＩＳはこの核から生まれた直系の子孫なのだ。

一九九九年、ジャマット・アル・タウヒド・ワル・ジハード（タウヒドとは連帯と聖戦グループを意味する）というテロリスト・グループがアンバール州（イラク西部）のスンニ派地域で姿を現した。タウヒドは一九九〇年代、ヨルダンでアブ・ムサブ・アル・ザルカウイによって創設された。彼はアフガニスタンでソ連と戦った多くの戦士の一人だった。

ヨルダンに戻ったザルカウイは銃と爆弾を所持していたかどで逮捕され、懲役六年の刑を宣告された。一九九九年の釈放後、アンマンのラディッソン・ホテルの爆破を企てたが失敗し、パキスタンとアフガニスタンの国境地域に逃げ込んだ。その地で旧友のオサマ・ビン・ラディンから二〇万ドルの資金援助を得て訓練キャンプを立ち上げた。ビン・ラディンとはアフガニスタンにいたころ知り合った仲だ。二〇〇一年までアフガニスタンでアメリカと戦った後、ザルカウイは自分の率いるグループをようやくイラクに移した。思いも寄らないパトロン、イランからの保護と支援を受け入れてのことだといわれている。

シーア派のイランが、お互いが根深い憎しみを抱いているにもかかわらず、国境地帯にいるスンニの過激派に資金を提供していたのは周知の事実だった。当初は、フセイン政権に揺さぶりをかけ、サウジアラビアの覇権《ヘゲモニー》に対抗するためだった。多くの聖戦戦士がイラクとイランの間にある山岳地帯を安全な隠れ家として利用してきたことはよく知られている。二〇〇〇年、イランは当時死刑を宣告されていたザルカウイを保護し、ヨルダンからの身柄引き渡し要求を断った。こうした、イランが演じるどっちつかずの綱渡りは、ＩＳＩＳを語るうえで重要な要素となっている。イランはＩＳＩＳが台頭する前に活動していた多くの分子を含めて、さまざまなグループを自らの縄張り争いの道具として利用してきたのだ。

二〇〇四年、イラクにおけるアメリカとの戦いで何度となく大勝を収めたのち、ザルカウイはビン・ラディンに忠誠を誓い、タウヒドは「イラクのアルカイダ（ＡＱＩ）」の一構成部隊となった。部隊のフルネームはタンズィム・カイダート・アル・ジハード・フィ・ビラード・アル・ラフィデイン。その意味は「二つの川（チグリス、ユーフラテス川）がある国（イラク）に聖戦基地を持つ組織」ということである。この組織の攻撃は残忍かつ無差別だった。ザルカウイは精神障害者を自爆テロリストに仕立てたり、葬式に狙いを定めて棺のなかに爆弾を潜ませたり、西洋人の人質、ニック・バーグとユージン・アームストロングの首を自らはねたりしたことで知られている。

外国の戦闘員たちがアメリカ主導の侵攻に反発して立ち上がり、占領に抵抗するスンニ派諸部族から多大な支援を受けながら、アメリカと戦うために辺り一帯からＡＱＩに加わった。そして、駆け出しの民主社会に無秩序がはびこるようになる。今日、アメリカの関与は聖戦戦士を徴集する促進剤と

2006年に没するまで、「イラクのアルカイダ（AQI）」のリーダーだったアブ・ムサブ・アル・ザルカウイ。首に2500万ドルの賞金を懸けられ、アメリカ軍侵攻後の唯一最大の脅威と見なされていた。©Photo by Sipa Press/REX

化しているが、当時からその風潮は変わらず、人々はイラク戦争を十字軍という侵略者との戦いと見なすようになった。

二〇〇五年にはAQIはイラクの一大勢力となり、ザルカウイは首に二五〇〇万ドルを懸けられる最大のお尋ね者となっていた。彼は勢力増強を求めて、別の聖戦グループのネットワークであるムジャヒディーン・シューラ・カウンシル（MSC）と合流、新設された軍隊は「イラクのイスラム国（ISI）」を名乗った。これがISISの直系の先駆けである。ISIは、アメリカを相手に今日見られるのと同じ戦術を駆使し、残虐な戦いを進めた。だがこのころには、地元の族長たちはISIの残虐性に嫌気がさしていた。そのうえ、自分たちの違法ビジネス（おもに石油とガスの密輸）を管理しようとする彼らの目論見を知って動揺し、彼らに対抗するため「イラクの息子たち」と称するグループをつくった。

## 目覚めるスンニ

最終的にアメリカから多大な援助を受けて立ち上がり、ISIを打破したのは「イラクの息子たち」だった。アメリカは彼らに給料を払い、兵站《へいたん》支援や武器の提供を始めた。二〇〇六年、ザルカウイはアメリカの爆撃を受けて死亡し、二〇〇八年、「イラクの息子たち」と地元の「アウェイクニング・カウンシル（覚醒評議会）」は、アメリカの対イラク協力と宗派戦争という戦後の大きな枠組からISIを締め出すことに成功した。今、アメリカはイラク西部のISISに対して同じ手法がまた使えると考え、同じスンニ派の諸部族にISIS掃討への協力を求めている。

「イラクの息子たち」の全盛期には、五万四〇〇〇人のスンニ派戦闘員がいた。だが、二〇〇八年、アメリカが彼らの給料の支払い責任をバグダッドの中央政府に移すや、組織は空中分解する。マリキ率いる中央政府は、武装したスンニ派の西部における動きを恐れ、彼らが恒久的な軍隊になる可能性を奪った。彼らへの給料の支払いを停止し、メンバーを拘束して拷問にかけ、秘密の牢獄に閉じ込めたのだ。永久に消え去った人間もいた。

そして、オバマが大統領に就任すると、イラクの崩壊が始まった。オバマが即座に選んだ戦略は、イラク政府が後退したちょうどそのとき、中東から手を引き、イラクから撤退することだった。彼はアメリカの軍隊の一部がイラクに残れるようにする軍事協定を結ばず、それが治安の崩壊を招くことになったのだ。

私は、現在は退役しているジャック・キーン大将と話したことがある。彼は二〇〇九年の対イラク戦争を指揮した軍人の一人だ。彼によると当時の状況は次のようだった。

「二〇〇九年、イラク国内の暴力行為は九〇パーセント減り、アルカイダは敗北していた。我々がキャッチした通信連絡記録やEメールのやり取りから、これ以上外国の戦闘員を送らないでくれ、この戦争は終わった、我々は敗北した、パキスタンのアルカイダ本部に移動する、というメッセージを目にした」

「問題はたちの悪いマリキの存在だった。私が思うに、イラクから手を引き、マリキの好きなようにやらせるのでは、マリキのパラノイアックで不安定な性格に火をつけるだけだ。しかし、二つのことをすると決めたオバマが登場する。彼はできるだけ早くイラクから手を引き、アフガニスタンから手を引くと心に決め、それを実行することでイランの思うつぼになった。イランの指導者たちはこう言ったに違いない。『このオバマという男はイラクから手を引こうとしている。信じられるか、我々のためにドアを開けてくれているんだ！』」

「マリキはアメリカの強力な盟友であり続けたいと思っていた。アメリカと戦略的な関係を長く続けたい、続けようと決めていた。ところがアメリカはその全てをふいにした」

二〇一〇年七月、力を増していたＩＳＩの残党は、ＩＳＩＳの残虐なリーダーでカリフを自称するアブ・バクル・アル・バグダディに引き継がれた。舞台の準備は整った。

# 第二章　カリフ

冷酷で計算高く変装の名人であるアブ・バクル・アル・バグダディは、名もない存在からのし上がりＩＳＩの支配権を握った。一九七一年、バグダッド北部の町サマラに生まれ、説教師だった両親と同じ道をたどりはじめた。一八歳のときバグダッドのイスラム大学に入り、以後一〇年間、大学で学問にいそしんだ。ＩＳＩＳのプロパガンダによると、彼はＢＡ（学士）、ＭＡ（修士）、ＰｈＤ（博士）を取得したことになっているが、真偽のほどは定かではない。

バグダディが大学時代を過ごしたトブチ地区の人々は、彼のことを無口で引っ込み思案でサッカーだけが得意な学生だったと記憶している。彼はときどき地元のモスクで集団礼拝の先導役を務めたが、彼を知る人々によると、けっしてイマーム（導師）ではなかった。これもまたＩＳＩＳのプロパガンダと矛盾している。

やがてバグダディは結婚し、息子が生まれた。一九九九年、大学を出た数年後、シリアと国境を接するイラクの広大な西部の州アンバールの小さな町アルカイムにあるアルカイダ組織の一員になった

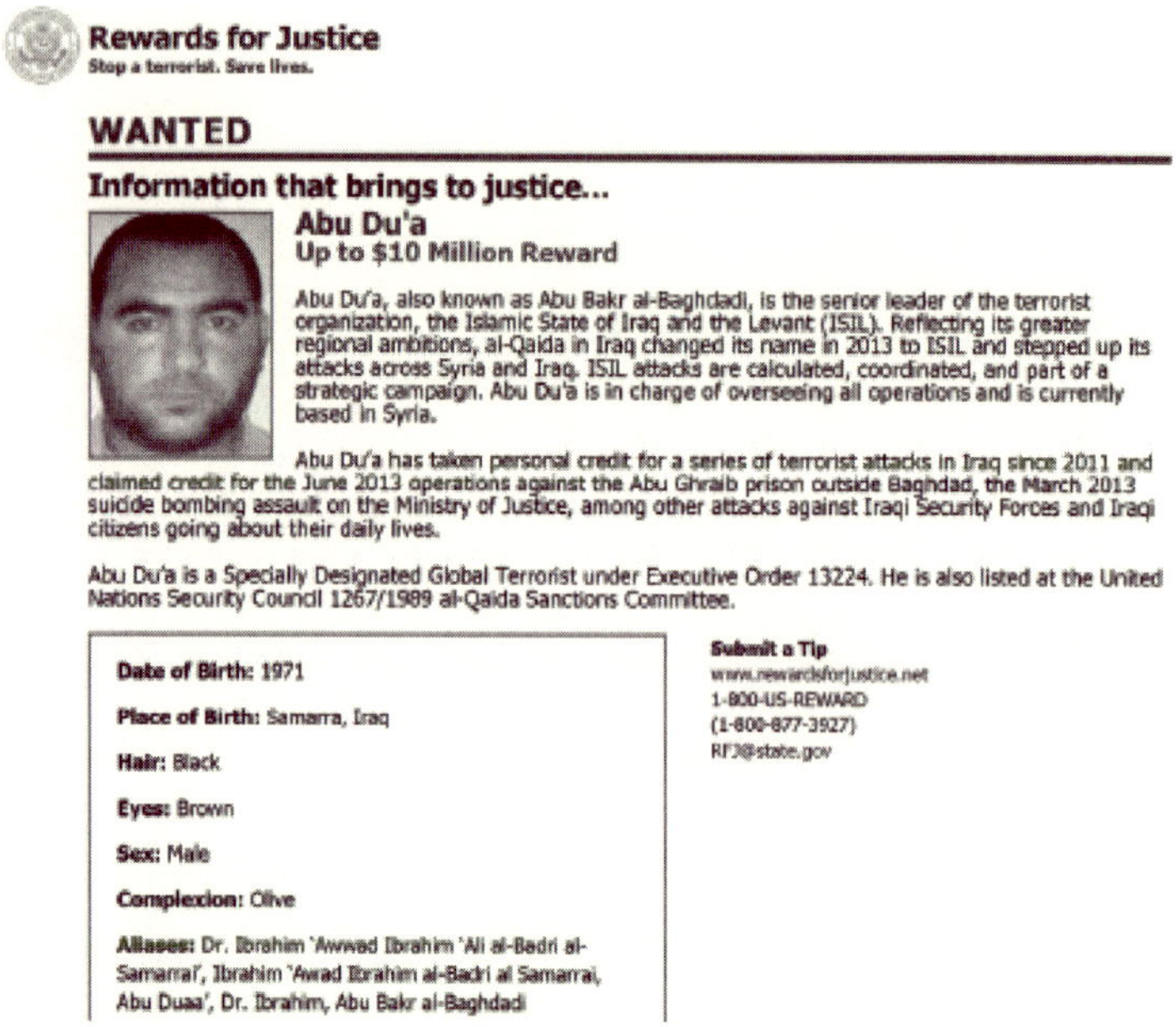

**Rewards for Justice**
Stop a terrorist. Save lives.

**WANTED**

**Information that brings to justice...**

**Abu Du'a**
**Up to $10 Million Reward**

Abu Du'a, also known as Abu Bakr al-Baghdadi, is the senior leader of the terrorist organization, the Islamic State of Iraq and the Levant (ISIL). Reflecting its greater regional ambitions, al-Qaida in Iraq changed its name in 2013 to ISIL and stepped up its attacks across Syria and Iraq. ISIL attacks are calculated, coordinated, and part of a strategic campaign. Abu Du'a is in charge of overseeing all operations and is currently based in Syria.

Abu Du'a has taken personal credit for a series of terrorist attacks in Iraq since 2011 and claimed credit for the June 2013 operations against the Abu Ghraib prison outside Baghdad, the March 2013 suicide bombing assault on the Ministry of Justice, among other attacks against Iraqi Security Forces and Iraqi citizens going about their daily lives.

Abu Du'a is a Specially Designated Global Terrorist under Executive Order 13224. He is also listed at the United Nations Security Council 1267/1989 al-Qaida Sanctions Committee.

**Date of Birth:** 1971

**Place of Birth:** Samarra, Iraq

**Hair:** Black

**Eyes:** Brown

**Sex:** Male

**Complexion:** Olive

**Aliases:** Dr. Ibrahim 'Awwad Ibrahim 'Ali al-Badri al-Samarrai', Ibrahim 'Awad Ibrahim al-Badri al Samarrai, Abu Duaa', Dr. Ibrahim, Abu Bakr al-Baghdadi

**Submit a Tip**
www.rewardsforjustice.net
1-800-US-REWARD
(1-800-877-3927)
RFJ@state.gov

## ISIS創設者アブ・バクル・アル・バグダディに対する アメリカ行政府発行の指名手配書（日本語訳）

アブ・ドゥアーはアブ・バクル・アル・バグダディとしても知られる、テロリスト組織「イラクとレヴァントのイスラム国（ISIL）」の指導者である。2013年、「イラクのアルカイダ」は増大する地域的野心を反映してその名称をISILに変更し、イラクとシリアにおける攻撃を強めた。ISILの攻撃は慎重かつ綿密に計画されており、戦略キャンペーンの一部でもある。アブ・ドゥアーはすべての作戦の責任者であり。最近はシリアに本拠地を置いている。

アブ・ドゥアーは2011年からのイラクにおける一連のテロ攻撃を自分の手柄とし、イラク治安部隊や日常生活を送る市民への攻撃のなかでもとりわけ、2013年6月のバグダッド郊外のアブ・グレイブ刑務所襲撃、2013年3月の法務省への自爆テロ攻撃を自分の手柄だと主張している。

アブ・ドゥアーは大統領命令13224号下にある特別指名手配の国際テロリストであり、国連安全保障理事会の1267／1989アルカイダ制裁委員会の名簿にも載っている。

1971年、イラク・サマラ生まれ。髪の色：黒、目の色：茶、性別：男、肌の色：オリーブ。

とアメリカの諜報機関が報告している。二〇〇五年からのペンタゴン（国防総省）の記録によると、アブ・ドゥアーという仮名（戦闘名）でアルカイムにいたころ、「地元民間人への脅迫、拷問、殺害に関与していた。個人あるいは一家全員を誘拐し、告発し、刑を宣告し、公開処刑を行った」。

ここで厄介なのはその仮名が広く使われており、残虐な性格が今日のＩＳＩＳの指導者のやり方と一致しているが、「アブ・ドゥアー」なる人物がバグダディであるとは言い切れないことだ。当時のイギリス特殊部隊の指揮官、サー・グレーム・ラムは言う。「我々はその名前の人物を五、六回逮捕するか殺害するかしたが、彼は何度も現れる亡霊のようで、私には嘘と本当の見分けがつかない」。

ＩＳＩＳ内部の消息筋によると、バグダディは影武者を使っており、顔を覆っていない状態ではけっして人に会わず、彼を知る人はほとんどいないという。

## キャンプ・ブッカ

二〇〇五年、バグダディは名うてのアルカイダ協力者としてバグダッドで逮捕された。キャンプ・ブッカに収容され、のちに彼とＩＳＩＳを創設することになる多くの人間と出会った。そして、ここで彼の信念は確実に強化された。キャンプ・ブッカはアメリカの占領下にあるイラクで最大の収容所であり、常時二万四〇〇〇人ほどの拘留者を収容していた。元囚人だった何人かに言わせると、キャンプ・ブッカは事実上「テロリストの訓練施設」であり、テロ攻撃をどうやって行うかのレッスンが行われ、西洋流を受け入れる人間は　暴力的な手口で叩きのめされた。

ブッカは有刺鉄線に囲まれた広大な土地で、テント群や無数の収容所があった。番兵の多くは予備兵で、砂嵐や、日中の六〇度の暑さや、凍てつくような夜の寒さに耐えなくてはならなかった。合計九人のＩＳＩＳの指導者がキャンプ・ブッカでバグダディと共に時を過ごしたことが知られている。そのなかには、現在彼の参謀で以前サダムの軍隊の中佐だった男や、ＩＳＩＳの外国人戦闘員や自爆テロリスト、倉庫、孤児らを管理する男たちがいた。

こうした人々がキャンプ・ブッカにいる間にバグダディと出会えたのは、願ってもないチャンスだった。バグダディは大きな脅威とは見られていなかったので一四収容所の懲罰房に一度も押し込まれたことがなかった。事実、キャンプにいたケネス・キング大佐は彼のことを物静かな囚人として記憶している。ただ、急進派やバース党員たちが暇を持て余して交わり、ひそかに策を巡らすことは大いにありそうだった。

また、策をめぐらせないまでも、囚人たちはけんかをしていた。番兵たちは手づくりの武器でひっきりなしに攻撃されていた。ナイフ、マチェーテという大型ナイフ、鞭、ヌンチャクがしょっちゅう部屋の中で見つかった。囚人たちはキャンプのなかにトンネルを掘り、軍服のまがい物をつくるためにテントを切り裂き、幾度となく脱走に成功したが、いつも周辺の砂漠で捕まった。

さらに創意にあふれ人気があったのは、「チャイ・ロックス」という愛称で呼ばれる武器だった。囚人たちは自分のお茶（チャイ）と泥を混ぜて岩をつくり、日光に当てて固めた。こうした岩はさまざまな種類のパチンコから番兵めがけて発射され、彼らに大けがをさせた。

暴動が何度も起きたが、その標的はたいてい番兵ではなく対立する囚人だった。そのため、異なる地域や部族や宗派の囚人たちは隔離されるようになった。囚人間の言い争いはおおむね彼ら独自のシャリーア（イスラム法）法廷で裁かれ、「西洋流の振る舞い」のかどで有罪とされた人間は厳しく罰せられた。アメリカに手を貸したという理由で告発されたある男は、ほかの囚人たちに襲われ、両目をえぐり出された。

番兵は、囚人たちの交流ぶりから過激派や指導者たちを簡単に割り出せるようになったが、彼らの誰一人としてバグダディをトラブルメーカーだったと記憶していない。やがて過激派の脅威が増すと、彼らはより穏健なコーランの思想を教えるために聖職者たちを招き、反過激派教室をつくろうとした。問題は、もし囚人の誰かが教室に参加したら、当局とのなれあいだと責められる危険があることだった。

二〇〇九年九月、バグダディはキャンプ・ブッカから釈放された。ちょうど指揮権がイラク軍に移された時期で、おそらくイラク政府の恩赦の一部だろうが、もしかしたらバグダディが厳しい監視の下でじっとしていたせいかもしれない。当時のキャンプの司令官によると、バグダディの最後の言葉は「ニューヨークで会おう」だった。

## 力を付けるバグダディ

二〇一〇年七月、前年キャンプ・ブッカから釈放されていたバグダディは、前任者アブ・オマル・アル・バグダディの死後、よみがえるＩＳＩの指導者に任命された。一一名いるシューラ（評議）委員会メンバーのうち九名の票を獲得し、「イラクのアルカイダ」の首領であることを宣言した。ブッカから釈放されてから瞬く間に、そのような大きな支持を得られたのは、彼がキャンプにおいて支持者を密かに育成していたことを示している。

その後数年間、バグダディはバグダッドにおけるいくつかの大規模な攻撃を指揮した。スンニ派の立法者たちやシーア派をも狙った攻撃だった。どうやら彼は最初から、宗派主義の火をかき立てようとしていたらしい。オサマ・ビン・ラディンの死後三日目、彼の死に捧げる報復を誓った。ビン・ラディンをほめたたえる声明で、一〇〇回攻撃を仕掛けると語った。二〇一一年の三月から四月にかけて、バグダディは二三回に及ぶ残虐放題の攻撃を仕掛け、何百人もの殺害に成功する。彼が連携した多くの攻撃のなかで最初のものだった。

バグダディはビン・ラディンの後継者ザワヒリに忠誠を誓ったが、自分自身の信奉者も育てはじめ、自分の地位を固めた。市民権を奪われたバース党員やサダム政権時代の指揮官たちを梃子《てこ》にしてグループの指導力を強化しだし、アメリカによって駆逐されたかつての本拠地に戻るつもりだと公言した。その言葉に嘘はなかった。

## 刑務所破り

二〇一二年七月二一日、バグダディは「壁をぶっ壊せ」と称する戦闘の開始を宣言した。それはグループに「燃料を補給」して国中の聖戦《ジハード》犯を解放するための計画であり、きっちり一年続くとされていた。以後、国中の凶悪犯を収容している刑務所に、次から次へとみごとに組織化された攻撃が続けられた。それと同時にバグダディは狙いを定めた暗殺の回数を増やし、宗派間の争いをかき立てた。将来、彼がアンバール州を支配するには、そうした行為が重要だとわかっていたからだ。彼はこの時初めて戦闘計画を事前に発表し、それはやがてＩＳＩＳの軍事的トレードマークとなっていった。これはつまりは、戦争の諸条件を彼らが勝手に決めるということだ。「壁をぶっ壊せ」作戦で、立案、資金集め、兵站補給、同時多発の組織的攻撃を実行できるバグダディの能力は遺憾なく示された。その作戦を実行することで彼は国中に大きな混乱をもたらした。

翌年、八つの刑務所が襲撃された。車に搭載した急造の爆破装置（ＶＢＩＥＤ・自動車爆弾）による攻撃が国中で急激にエスカレートし、最後にバグダッド西部の悪名高いアブ・グレイブ刑務所が攻撃された。バグダディは最後の攻撃に先立つ何日間か陽動作戦を展開したが、そのなかにはバグダッド周辺に対する八件同時のＶＢＩＥＤ攻撃もあった。彼は刑務所を攻撃したばかりでなく、同時にその地域の軍事施設も攻撃した。

二〇一三年七月二一日、日曜日、午後九時三〇分、多数のＶＢＩＥＤと自爆テロリストとグレネードランチャー（擲弾《てきだん》発射機）からの擲弾が堅固な刑務所周辺へ注ぎ込まれ、バグダディの軍隊が攻撃を開始した。壁とフェンスが破られるやＩＳＩの戦闘員たちが暗い構内になだれ込んだ。数時間にわたって激戦が続いた後ついに収容所が壊滅し、五〇〇人以上の囚人が解放された。

敵軍に支配されている地域で五〇〇人もの囚人の安全確保を急ぎ行うのはたやすいことではない。だがバグダディは彼らの脱出法もあらかじめ計画していた。バグダッドの周辺に攻撃を続けることで

2012年10月、イラク北部アザズの破壊されたモスク。©Photo courtesy of Rick Findler

戦力を分散させ、囚人たちは刑務所から四方八方へ徒歩で逃げた。彼らは周辺地域にあるさまざまな集合地点をめざした。その集合地点では彼らを護送する車が何台も待っていた。囚人たちはバグダッド周辺の環状道路にすぐたどり着き、そこから旧アルカイダ系の安全な逃げ場となっている周辺の村の隠れ家に逃げおおせた。彼らは事前に予習をしていたらしく、報告によると、各人が自分の行き先を知っていた。

これらの囚人たちは最悪中の最悪な連中で、アメリカは二〇〇六年から二〇〇八年にかけて市中から掃討し続けた。だが、彼らは突然自由になり、バグダディとISIの期待に応える存在になった。バグダディは自分の軍隊を持っており、ISISが誕生するのもそう遠くない。シリアの国境地帯では紛争が激化していた。

# 第三章　シリアの崩壊

「現実的にイスラム国を打倒するには、バッシャール・アル・アサドをも打倒する必要がある。これは当たり前のことだ。オバマ氏のように、この現実から目をそむけ続けたところで、シリア人の生活とアメリカの安全保障体制がかかえる問題は後回しにされるだけだ。シリアの情勢がさらに悪化すればば――間違いなく悪化するが――アメリカは再び反応せざるを得なくなる。だが、我々の選択肢はほとんどない。このままではより状況は劣化し、さらに犠牲が大きくなるだろう」――上院議員ジョン・マケイン、上院議員リンゼイ・グレアム

## 二〇一二年、シリア、イドリブ

我々のはるか眼下に、列をなすシリア軍の車のヘッドライトが見えた。車列は洞窟に向かってゆっくり蛇行していた。我々は数日前から、暖を取る間に合わせのストーブの前で身を丸めて座り、傍ら

では、反体制派の自由シリア軍（ＦＳＡ）のメンバーたちが議論していた。彼らが話し合っている議題は、我々を体制派に引き渡すか、我々を救うために戦うべきかである。我々は自分たちの運命が決まるというのに何も言えなかった。

指揮官のアブ・アリは、我々をこっそりトルコに戻すと言って譲らなかった。アリは、我々が見たことを世界に伝えてほしいと願っていた。だが、部下たちは、それによって自分や家族などに対する残虐行為が増すばかりだとわかっていた。敵の車列が近づきつつあり、状況が緊張しているのは結局、我々のせいだった。

前日、写真家のリック・フィンドラーと私は、国境から五〇キロほど入ったシリアの貧しい農村タフタナズの混雑する通りに潜入していた。自由シリア軍のメンバーたち、つまり家族を守るためバッシャール・アル・アサドに抵抗する戦いに参加した地元住民たちが、政府軍による破壊の跡を私たちに見せてくれていた。紛争はわずか数カ月前に起きたばかりなのに、短期間ですでにエスカレートしていた。その日のたそがれ時、人々が新たな死者たちを悼んでいるとき、平和的な抗議行動が始まった。同日の昼、シリア軍は人々に蜂起をするなと警告するためだけに、近所の村の居住地を攻撃したのだ。

その村は単に攻撃されただけではない。砲弾を浴び、ダイナマイトで爆破され、ブルドーザーでならされ、後には瓦礫の山が通りという通りに累々《るいるい》と残された。死の軍団「シャビハ（アサド大統領の私兵）」は、町を走り去る道すがら窓からおおっぴらに通行人めがけて発射し、村人を手当たり次第になぎ倒した。その夜、人々が集まり、政府に対して抗議したのも無理からぬことだった。

その日、我々の周りで子供たちが詠唱の先導をしているとき、突然、家々の屋根から砲撃が始まった。アサド軍が周囲に忍び込み、罪のない群衆に砲火を浴びせたのだ。大混乱となり、我々は導かれるままますばやくその場から逃げた。多くの村人が我々を責めた。我々がそこにいれば事態は悪くなるだけだと恐れ、悲鳴や非難の声を浴びせた。彼らは全てを恐れていたのだ。

その夜遅く、洞窟に隠れているとき、攻撃をフィルムに収めたことを知ったアサド軍が、我々を探しに来ていると聞かされた。だからこそ、我々の運命が怒りの議題となっていたのだ。地域には、体制派と反体制派の両方と話し合い、両者を取り持つ仲介代理人がいた。軍が我々の引き渡しを望んでいると知らせたのは、そうした仲介代理人だった。

二時間の議論の末、アブ・アリが勝った。我々は急いでバイクにくくりつけられて丘から丘を越え、その後、車を乗り継いで国境に向かった。我々の北方で政府の攻撃が新たに始まったので、普通では信じられないことだが、我々が逃げるためには、シリアのさらに奥へと車を進めるしかなかった。アサドの縄張りのさらに奥まで進んでから軍の側面を迂回するルートだ。我々が小さな村に近づいたとき、武装した男たちが叫びながら前方の道路に躍り出た。数発の銃弾が車の上をかすめ、前列にいた戦闘員二人が自分の銃に手を伸ばした。

戦うな、と我々の仲介代理人が叫び、我々を車の外に出した。我々が両手を上げて車外に出たとき、銃弾がもう一発すり抜けた。彼らが近づいてくると、我々の心臓はどきどきした。すると、一人が我々に詫びた。お互いが相手をシャビハの民兵だと思っていたのだ。シャビハは二キロほど後ろから我々を追っている。前線から遠ざかり、険しい岩山を二キロほどよじ登った後トルコの国境に戻ったときは、命拾いをしたと感じた。

## シリア

シリアの紛争は近年の歴史上、大きな悲劇の一つだ。この国が大混乱に陥る前は進歩を続けているように見えたからなおさらだ。アサドは自国の開放についてもっともらしいことを言い、自身の父親が逮捕した何百人もの政治犯を釈放し、政治的対話を奨励し、スンニ派の一族と姻戚になった。西洋人がアレッポの美しいバザールやダマスカスのスークに大挙して押し寄せ、シリアの人々の優しさと温かいおもてなしをみやげ話にして帰国した。

しかし、いまやバザールは破壊され、大多数のシリア人が国から追い出された。どうしてこんなことになったのだろう。

テロとの戦いの初期、二〇〇一年以降、シリアはアメリカの非公式のパートナーだった。イラン同様、テロへの脅威を同じように感じていた。二〇〇七年、アメリカはイラク西部の急進派、主としてバグダディが後を継ぐことになる「イラクのアルカイダ（ＡＱＩ）」との戦いに協力してほしいとアサドに要請した。シリアはアメリカの懇願を受けて戦闘員たちを尋問した。

しかし、シリアは同時にテロリスト側とも手を組んだ。自分たちが戦っているそのテロリストたちに安全な通行許可を与えたり、彼らをかくまったりし、イラクを揺さぶり、アメリカの戦略を複雑にしてくれそうなハマスやヒズボラにも同じように対応した。

二〇〇三年、サダム・フセインの失脚後、そうしたグループに対するシリアの支援はアメリカの手に余るようになった。二〇一〇年になると、シリアはブッシュ大統領が「悪の枢軸」と呼ぶ勢力の中で強力な駒となっていた。しかし、二〇一二年に「アラブの春」の革命が起きると、多くの人がシリアもチュニジアやエジプトやリビアと同じ道を歩むだろうと希望を抱いた。どの国も当初は圧制的な政権を倒し、民主主義に向かって進むと見られていたのだ。ところが、今ではそれがまやかしだったということを皆知っている。エジプトは軍国主義に逆戻りし、リビアは崩壊した。当時は、その地域が独自の改革を成し遂げると大いに期待されていたにもかかわらず。

だが、事実はそうならず、歴史が繰り返された。革命は蜂起した人々に勝ち取られることなく、陰に潜んでいた連中に繰り返しハイジャックされた。強力な指導者が排除された後は、たいてい大きな不安定期が訪れた。ムアマール・カダフィ、サダム・フセイン、ホスニ・ムバラク、そして今バッシャール・アル・アサド、かつて残虐性で結ばれていた国々が宗派主義の路線に乗って噴出した。

ダラー（シリア南西部）の街の壁に反アサドの言葉を落書きした一五人のティーンエージャーが逮捕され、それに抗議した一二〇人が殺されたのを皮切りに、シリアが沸き立ち、市民の憤激に火が点いた。まもなく何百人もの人々が通りを平和的にデモ行進し、ティーンエージャーの釈放を要求した。次に失墜する指導者となるのを恐れたアサドは権力を放棄する気などさらさらなく、イランとロシアの支援に励まされて意を強くし、人々を屈服させるという圧政的な恐怖戦術に乗り出した。

一九八〇年、バッシャール・アル・アサドの父も同じことをして成功した。父親はムスリム同胞団による暗殺計画にならい、ハマで二万人を虐殺した。そして、息子のバッシャールはそれを再現しようとする。目の前に出された譲歩案に同意せず、圧倒的に優勢な武装勢力を無辜の人々に敵対させ、立ち上がった村々を丸ごと壊滅させたのだ。

当初、アサド軍は基地で安全に過ごし、装甲車に乗って手当たり次第に攻撃するときだけ基地から出ていた。アサドは国民が勝てないこと、勝つチャンスは絶対にないことを国民に示したかったのだ。初期のころは、そのとおりだった。私は革命当初のことを覚えている。反乱者たちと山岳地帯の洞窟に隠れていたことや、武器を宙に放り上げ、町なかで服従するようにひざまずく彼らを目にしたことを。彼ら全員が叫んでいた。「俺たちに何ができる。俺たちを助けてくれ！」と。

その段階ではレジスタンスの規模は、街なかの平和的なデモ行進であり、狩猟用ライフルや数少ない旧式のカラシニコフ銃で戦うささやかなゲリラ戦争だった。地方を動き回っていたが、それは手製の鉄パイプ爆弾を破裂させて注意をそらすためであり、丘から丘へと移動するにも、古来、地元の人しか知らないけもの道を利用していた。

だが、弾圧しようとするアサドの意図に反して、人々はけっしてあきらめなかった。彼らは「アラブの春」が広がっていくのを見守り、自分たちの出番を待っていた。それは、その時点では純粋な抵抗運動の芽生えにとどまっており、事実、独裁者に抵抗して国民の一部が立ち上がったにすぎなかった。

だが、一〇年に及ぶ中東の紛争に疲れたせいか、実現可能な解決策がないせいか、彼らを助けるようなことは何一つなされなかった。シリアはテロリストの温床になるだろうという情報局の報告は伏せられ、オバマはＩＳＩＳの台頭に関する無数の報告を受けていながら、あえてそれを無視した。

## アサド

アサドは自分が国の指導者になるとは夢にも思っていなかった。正当な後継ぎである兄のバジルが指導者となるはずだった。だがバジルは一九九四年、ダマスカス空港へ行く途中、車の衝突事故で死んだ。そこで急遽《きゅうきょ》、当時ロンドンで眼科の研修医をしていたバッシャール・アル・アサドがその役目を引き受けることになった。彼は即座に呼び戻されて士官学校に入り、新しい役割を果たすための勉強を開始した。一九九八年、レバノン占領の責任者となり、指導者としての教育もスタートした。

多くの人は、バッシャールがしぶしぶ指導者になったと言うが、彼は、二〇〇〇年に父が死亡し、自分が統治しだした当初から独自色を出す。多くの囚人を釈放し、銀行の一部を民営化し、民営新聞社の開設を許可し、国にインターネットを導入した。父の時代のはなばなしい軍事パレードをやめ、愛車のアウディを自ら運転して市中を走り回った。魅惑的な妻アスマと共に国民の大統領という外見づくりに没頭し、しばらくの間「ダマスカスの春」と呼ばれる状態を眺めていた。

だが、それは全て見せかけのことで、たった一年で彼の本性が現れ出す。二〇〇一年、大学教授や学生たちからさらなる自由化を求める声が上がった。彼らは大幅な自由と新しい議会を求めたが、アサドは聞く耳を持たなかった。断固たる措置を取り、それからの一〇年間、父の精神を受け継いで事に当たったのだ。対外的には依然として語り口の柔らかい好人物の顔を見せていたが。

地域一帯で「アラブの春」が始まるとアサドは秘密警察を強化し、悪名高い死の一団「シャビハ」

を利用し始めた。シャビハは沿岸地帯のラタキア（アサド家ゆかりの地）や首都ダマスカス周辺で普通に目撃されたように、何十年も前から権力側の取り巻きとして行動してきた。権力が抱えるもっとも暴力的な殺し屋で、長いこと密輸グループを管理し、アサドの下で裕福になり、アンタッチャブルと見なされていた。その名称は「黒い悪魔」を意味し、彼らが運転する窓を覆った黒いメルセデスがそのシンボルだった。黒いメルセデスは轟音を立てて国中を走り回り、人々を恐怖のどん底に陥れた。

　革命の初期に残虐性をエスカレートさせたのはシャビハであり、邪悪な行為の大半は彼らのしわざだった。行方不明となる人が増え、罪もないのに拷問される人が増え、レイプされる少女が増えた。おまけに、そうした非常識な行為が人々を懐柔する手段ともなった。このように、暴力とソーシャルメディアが結び付いて、世界中の人々やスンニ派の戦闘員たちを徐々にシリアへ向かわせ、一滴の滴《しずく》が小川となり川となったのだ。スンニ派の聖職者たちがシリアの兄弟たちを助けるよう促し、サウジアラビアと湾岸諸国の資金援助を受けて〝宗教戦争〟が始まった。

　当初からアサドは、反体制派がテロリストである証拠として外国人戦闘員の存在を挙げ、前にもやってみたように犠牲者の役割を演じた。自分は過激派の支配から現体制を救おうとしているのだと主張した。当時、その言葉には多少の真実味しかなかったが、今では大いにある。ここまで事態がエスカレートした原因は、彼自身の行為にあったのだ。

　軍事介入の機会は間違いなくあった。アサドが絶対越えてはならない一線を越え、自国民に化学兵器を使ったとき、彼らを助けるような手は何一つ打たれなかった。アサドを排除し、空からの無差別攻撃を阻止する好機があったとすれば、このときだったのだが。代わりに、アサドの同盟者であるロ

バッシャール・アル・アサド大統領への憎悪を示す反乱者たち（2013年1月、シリア、アレッポ）。©Photo courtesy of Rick Findler

シアの仲介で取引が行われ、アサドは化学兵器の放棄に同意した。

ＩＳＩＳを打倒するにはアサドの排除が絶対に欠かせない。彼には国内を刺激する影響力があり、だからこそ人々が戦いに結集するのだ。この戦争でアメリカが最優先すべきは、アサドの排除だろう。上院議員ジョン・マケインが言うように「アサド氏は二〇万人ものシリア人を虐殺したことで事実上イスラム国を生み出し、イスラム国が自分の目的に好都合とわかると、連中が強大化しシリア国内で野放図に活動することを意図的に認めた。我々はこうした現実と向き合って、はじめてシリアにおけるイスラム国を弱体化しうるが、アサド氏が蛮行に加担し続けるかぎり、イスラム国はのさばり続けるだろう」。

# アレッポ

二〇一三年九月、アレッポの通りという通りが〝死の落とし穴〟となっていた。前線のいたるところで銃撃音が響き、砲弾や爆弾が絶え間なく降り注いだ。我々（私とカメラマンのリック）が数日間数えたところ、爆弾は一分間に一〇個の割合で投下されていた。通りの向こうからまっすぐ落ちてきて、激しく火を噴きながら我々を煙で飲み込んだ。そのころ市民の大半は町を去り、前線一帯はすぐにでも市街戦ができるゴーストタウンとなっていた。

ブロック丸ごと建物の正面が吹き飛ばされ、通りに面したアパートは開けっ放しで放置され、無傷だが空っぽの別の建物のなかからカーテンがなびいていた。排水管が破壊され、道路は漂着物で堰《せ》き止められた川のようになっていた。市街地はその地点で二分され、前線は小幅に前進と後退を繰り返した。その時点では両サイドはおもに反体制派の自由シリア軍と政府軍だったが、常に通り一つを隔てた場所にいて、それ以上離れたことはなかった。

我々が同行していたカティバ（大隊）は中庭の向こうにいる敵と話し始めた。よくあることで、彼らは議論して時を過ごしていた。「私は、あいつとは一年前までとても仲良しだった」と悲しげに話していた戦闘員のことを覚えている。それなのに二人は今、ますます凄惨になっていく市街戦でお互いを殺そうと躍起になっていた。

スナイパー（狙撃兵）は絶えずつきまとう脅威だった。街のビルや放棄された住宅が格好の隠れ場所となり、小さな通りを渡るときは猛ダッシュする必要があった。私たちは、どの交差点でも三つ数えると決めていたが、我々の仲介代理人、ザヘルは、かつてシリア代表のアスリートだったせいか、いつも二つ数えたところで走り始める。当然、スナイパーはほかの連中が後に続くと察してしまい、我々が走っているとき銃弾が鋭い金属音を立てて飛んでいくことが何度もあった。ザヘルは恥ずかしそうに通りの向こうに立ち、我々が一斉に走り出すまで勘違いしたか、数え間違いをしたふりをしていた。

スナイパーの銃弾に倒れた人たちの遺体を回収しようとすると、死者の数がさらに増えるという事態も日常茶飯事だった。埋葬のために遺体を回収しているときに、スナイパーが回収者を狙い撃ちするのだ。そのため、遺体の回収が不可能で何日も広場の真ん中に放置され、腐敗していくこともあった。

我々の取材の途中でこんなことがあった。角を曲がると、首をはねられた男の死体が舗道に転がっていた。気管のてっぺんが外側に垂れている。遺体のそばでは、一三歳の少年が銃を握り締め、静かに泣いていた。誰も少年の出身地や名前を知らないし、少年は誰かの関係者でもない。ただその場に座り泣いている。そんな光景はいたるところで見られた。

数少ない通りはすべてさまざまな「カティバ」に管理されており、彼らが友好的か否かを知るのは難しかった。我々は隠しカメラを潜ませ、捕まったら何が起こるかを十分意識しながら前方を見据え、ヌスラ戦線（シリアのアルカイダ系武装組織）の本部前を通過していた。検問所に行き着くたびにかたずを呑んだが、シリア自由軍の検問所で誤って車から降ろされ、突きつけられた銃の前でひざまず

破壊されたシリア・アレッポのありふれた光景（2012年10月）。©Photo courtesy of Rick Findler

いたときは、その場を切り抜けるまで、かたずを呑むどころではなかった。

我々がアレッポにいた最後のころ、戦闘員の出身を特定するのがさらに難しくなっていた。彼らが持っている旗、彼らの訛り、彼らが運んでいる武器、すべてがシリア国外からの影響を示していた。

私はある日のことをよく覚えている、その日、我々が前線から離れた場所にある食べ物の屋台の前に立っていると、外国人戦闘員のグループが歩いてきた。衣服、あごひげ、訛りからイエメン人だとわかり、我々はうつむいた。彼らは角にいた我々外国人二人には気づかず、自分たちが欲しいものを受け取ると、猛然とどこかへ去って行った。それが我々にとって最後のアレッポ行きとなった。アレッポは、当初あったはかない希望も消え去り、廃墟と化した。

## 初期の日々

　アメリカがシリアに介入する機会は一度だけあり、そこで介入しなかったのは間違いだったと私は思っている。オバマは長いこと、「越えてはならない一線を越えるとは化学兵器を使用することだ」と言い続けていたが、八月二一日午前二時四五分、アサドはまさしくその一線を越え、オバマに直接挑んだ。

　あの攻撃を撮影したビデオには、喉を詰まらせ、嘔吐し、くずおれ、激しく体をかきむしる大勢の男女や子供たちの姿がつぶさに映っている。子供たちは苦痛や息苦しさを説明できずに泣き叫び、なすすべもなく子供たちの体を揺すっていた医師たちもやがてくずおれた。人々がゆっくり倒れて死に、文字通り死体が通りを埋めつくした。死んだ幼児や赤子の上には母親がおおいかぶさっていた。死体は地元の集会場やモスクにずらりと並べられたり、ぼろきれにくるまれて通りに並べられたりした。

　ダマスカスの東ゴウダ地区の人々が眠っている間に、無臭ガスのサリンがまかれた。国連の化学兵器調査団もサリンの使用を確認している。潘基文《パンギムン》国連事務総長はそれを戦争犯罪と呼び、「サダム・フセイン以来、民間人に対するもっとも重大な化学兵器の使用である」と述べた。

　このサリン攻撃は、単に大きな反響を巻き起こすだけにとどまるような一件ではなかったはずだ。しかし、究極的にはどんな兵器が使われようと、死は死であり、シリアの国中で多くの死者が出ていた。むしろ、最後通牒が鼻で笑われ、越えてはいけない一線が越えられたのに何の対応策もなかったということが、この一件の意味を物語っていた。そして、この無策によりオバマの権威は地に落ち、正統性を失った。我々はそのとき戦争の方向転換を見た。つまり、シリアの人々が外部からの援助をあきらめ、過激派にくるりと向きを変える急転回点だったのだ。

私は、アサドの空軍基地と司令部と作戦本部を攻撃することこそ、象徴的な正しい対応策だったと信じてやまない。アサドを即座に失脚させるのではなく、国民を空から無差別に爆撃できる彼の軍事力を削ぐのだ。その力があるからこそ、彼は国民の大量虐殺を続けられる。そうした力を削ぐことで、その時点でさえ、なお穏健な態度を保っていた反乱グループ（多少は残っていた）が再結集し、外部の人間に頼ることなく、より強い反対勢力を生み出す貴重な時間を与えられたはずだが、そのチャンスは本当になくなってしまった。

地中海に停泊している軍艦からトマホークミサイルを数発撃ち込めば、さしたる人的被害もなく、それが実現できたはずだ。ところが、プーチンを含めた世界中の人々が見たのは、約束を守らないオバマの姿だった。特にロシアは、今こそ西側に強く出るときだと思っただろう。これが、プーチンをクリミア併合へと駆り立てた要因だったと判明しても私は驚かない。オバマの大統領府は混乱し、弱体化していた。

ＩＳＩがＩＳＩＳへと進化し強大化したのが、ちょうどこのころだ。バグダディはほかの諸グループがシリアの紛争を〝ハイジャック〟するのをイラクから眺め、まもなく分け前を欲しがるようになった。最初のうち、彼の狙いはイラク西部を奪還することだけだった。だが、シリアでそれよりずっと大きなものが得られる格好の状況を目にしたのだ。

シリア・イドリブ地方の高地、洞窟のなかのシリア反乱軍（2012年4月）。©Photo courtesy of Rick Findler

あと知恵だが、アメリカがアサドの失脚に集中し、人類の悲劇を防ぐことに手を貸していたら、ＩＳＩＳは強大化する足場を持たなかったかもしれない。あるいは、穏健なナショナリストの反乱派が訓練を受けて早いうちに武装していれば、湾岸諸国から援助を受けた過激派の急成長を防げたかもしれない。実のところ、このどちらかが何かを成し得たかどうかわからないが、とにかく西側諸国が何もしなかったせいで我々は最悪の状態に置かれているのだ。

ますます宗派的性格を帯びる戦争、バッシャール・アル・アサドと彼の軍隊が繰り返すおぞましい行為、サウジアラビアや湾岸諸国から提供される莫大な資金。それらに刺激され、何千人ものスンニ派が過激派組織に加わった。体を裂かれた赤子、男色行為を強いられる囚人たちなど恐ろしい映像を収めたビデオは、アサドが平然と市民を攻撃し続けている事実を証明している。そしてバグダディが出撃するときがやって来た。

## ヌスラ戦線とＩＳＩＳ

今日のシリアにおけるもう一つの大きな反乱勢力は「ヌスラ戦線」だ。彼らはいまだにシリアにおける正式なアルカイダであり、ＩＳＩＳと並ぶ実戦部隊である。今、ＩＳＩＳは表向きヌスラ戦線と戦っているが、かつて両者は同じグループだった。シリアにおけるＩＳＩＳはヌスラ戦線の誕生と共に始まったのだ。両者の分裂の仕方は、戦争の内側にある忠誠心や権力闘争の複雑さをくっきり際立たせている。

二〇一一年八月、シリアの紛争が拡大するのを見ていたバグダディは、シリアに駐留軍をつくるため最高幹部の一人アブ・モハメド・アル・ジュラニをイラクからシリアに送り込んだ。この時点でバグダディはＩＳＩの指導権を握ったばかりで、囚人を解放することも軍を創設することもしていない。いまだにアフガニスタンのアルカイダの長、ザワヒリの要望に従うだけの存在だった。

バグダディは当初、イラク西部に自らの統治区域をつくることを優先し、シリアの紛争を傍観していた。だが、シリアに好条件が出そろうと争いに参入することを決断し、シリア北西部のイドリブ州をジュラニが視察する手筈《てはず》を整えた。ジュラニはヌスラ戦線（あるいは「アル・シャムの人々のための支援前線」）を立ち上げるために八人の戦闘員を連れて移動した。

ジュラニと部下たちはイラクのアンバール州から北部のクルド人支配地区を回り、紛争の初期から結成されていた多くの聖戦《ジハード》グループを一つにまとめることに着手した。散在する町の小さなグループが多かったが、ヌスラ戦線とアルカイダの傘下に入ると、急速に大きくなりはじめた。

グループの多くは戦争が始まったとき、シリアのセドナヤ刑務所から解放された囚人たちで形成され、彼らの多くがこの刑務所の同じフロアで長い時間を過ごしていた。イラクのキャンプ・ブッカ同様、セドナヤは他の場所ではけっして出会わない〝聖戦戦闘員たちの養成所〟だったのだ。アサドがいわゆる「恩赦」でそれほど多くの聖戦主義者を釈放したのは、ＩＳＩＳとヌスラ戦線の脅威を生み出すための手口だったということが広く認められている。事実、アサドは自分の残虐行為から世間の目をそらすために門前の敵を必要としており、囚人たちが聖戦グループをつくると知っていながら彼らを釈放したのだ。

釈放された囚人のなかにはさまざまな兵士がおり、彼らはヌスラ戦線やＩＳＩＳのリーダーをはじめ、ありとあらゆる聖戦グループで指導的役割を担うようになった。刑務所で彼らと近しい関係となった囚人たちによると、彼らは刑務所にいたころからリーダーと目され、釈放後は、シリアの国営放送がその姿を放映した。そして、爆弾を仕掛けたテロリストとして告訴されたのだ。シリアの情報部と過激派の親密な関係を振り返ると、彼らはまたしてもアサドを助けるために利用されたのだろう。

ヌスラ戦線は、おもに湾岸諸国とサウジアラビアの援助のおかげで、たちまち国内最大の戦闘勢力となった。その時点で、これらの国々ではヌスラ戦線への援助がソーシャルメディアやテレビを通して大いに奨励されていたのだ。こうした援助のおかげで、ヌスラ戦線は北東部とりわけアレッポにおける反アサドの戦いで決定的な勝利を収め、まもなく一大聖戦グループとなった。

彼らは自由シリア軍よりも多くの支持者を獲得した。その理由の一つは、寒さの厳しい冬が訪れたとき、彼らが一般市民に食糧を配り、料理や暖房のための燃料を与えたからだ。自由シリア軍はいつも援助すると言っていたが、一度もしなかった。代わりに、お金は指導者たちのポケットのなかに消えるか、援助物資よりむしろ武器に使われるかした。それが激しい反発を招き、自由シリア軍の破滅へとつながった。我々がアレッポにいたころ、一般市民はおしなべてヌスラ戦線から与えられたライフラインのことを話していた。当時、市民はヌスラ戦線が過激で殺しを楽しんでいると認める一方で、いつかアサドを打倒するグループとして彼らを称賛してもいた。

まもなく創設されるISISと違って、ヌスラ戦線は統治区域をつくろうとしたり、イスラム法を押しつけたりはしなかった。むしろ、包括的な組織として行動し、特定の攻撃や包囲のために穏健な自由シリア軍の部隊を含む諸グループとたびたび連携した。多くの攻撃の前衛となり、反乱軍スタイルの戦闘を仕掛けていた。彼らの考えでは、アサドを打倒することで国内を正常化させようとしていたのだが、ISISのもくろみは違っていた。

二〇一三年、ヌスラ戦線の力が強まると、バグダディは自ら支配したくなり、グループを率いていたジュラニが自分の部下であることを公表した。野心をつのらせていたバグダディは、ISISの名の下に二つのグループを統合し、自分が指揮を取ると宣言した。ジュラニは権力を手放す気になれず、ヌスラ戦線のリーダーであり続けるとバグダディを突っぱねた。

二人の間で権力闘争が始まり、ジュラニはアルカイダのザワヒリに仲介してほしいと訴えた。だが、両者間で交渉が行われたにもかかわらず、どちらの側も権力を二分することに納得しなかった。どちらの側も分割を受け入れなかったとき（ザワヒリはジュラニ側についたが）、両者は正式に分裂した。部隊の半数がバグダディに走り、残りの半数がジュラニのそばにとどまった。そして、このとき初めてＩＳＩＳはシリアにおいて独立した存在となった。

ＩＳＩＳはヌスラ戦線の主要メンバーを誘拐し、殺害し始めた。内紛がエスカレートし、ラッカ（シリア北部の都市）にあるヌスラ戦線の本部前で大量の自動車爆弾が仕掛けられるまでになった。この爆破事件の後、ヌスラ戦線は市内の支配権をＩＳＩＳに譲った。ＩＳＩＳは町を出てゆく彼らに安全な退路を約束したが、それを反故《ほご》にし、町の外で一二〇人、市内でさらに多くを殺した。同調者となったかもしれない多くの人々を。

この二つのグループは今日まで権力闘争を続けている。戦略的に重要な油田の支配権、国境の分岐点の確保、影響力の拡大を求めて争っている。

ただ、ＩＳＩＳが優勢なためにヌスラ戦線の指導者の多くは暗黙のうちにＩＳＩＳを支持し、二〇一四年の終わりごろには数人がＩＳＩＳに協力し始めた。ヌスラ戦線の三人の指導者のうちジュラニは主導者としてとどまりイドリブに住んでいるが、彼とＩＳＩＳとの関係は大いに改善されたという。ダマスカスとその北方のカラムンにおけるヌスラ戦線の指導者アブ・マリクもＩＳＩＳと良好な関係を保ち、アサドに食ってかかれる数少ない指導者の一人であり続けている。アブ・マリヤ・アル・クァータニはシリア北東部のデリゾールにおける指導者だが、町をめぐってＩＳＩＳと激しく戦い、真っ向から敵対しているし、今ではナショナリストの自由シリア軍を支持している。

ISISに掃討された直後のイラク北部モスルへの案内板の前を通過するクルド人治安部隊ペシュメルガのメンバー（2014年6月）。©Photo courtesy of Rick Findler

かくして、さまざまなグループ内の錯綜ぶりが見て取れるだろう。彼らは互いに争っているが、戦いや敵次第で共に戦ったりもする。彼らはバラバラである一方、多くの人々がヌスラ戦線からＩＳＩＳへと走り、アブ・マリクの下にいる戦闘員たちは、ＩＳＩＳのためのスパイチームにすぎないとしばしば言われている。

だからこそ、どのグループでも戦闘員の数を特定するのが難しいのだ。彼らは流動的で、カネと権力を基準にして忠誠心をシフトさせる。だが、結局のところ我々は、どちらも同じような目的を持つ重大な脅威であると見なければならない。

残忍さを増す紛争が二年続いた後、シリア人たちは他のグループから、もっとも成功しているＩＳＩＳに走り始めた。彼らに言わせれば、ＩＳＩＳの支配下で送る過酷な生活やＩＳＩＳが押しつける厳しいイスラム法のほうが、アサドの脅威よりずっとましなのだ。アサドの無差別空爆は全員をターゲットにし、民間人の居住区を戦火で覆い尽くす。だが、ＩＳＩＳの下にいれば、スンニ派の住民たちは自分たちの立ち場がどのようなものかわかっている。自由はなくても、厳しい掟にひたすら従っていれば、おおむね、よけいな手出しはされないのだ。

それに、ＩＳＩＳと手を結べばアサド政権を倒すチャンスがあるし、多くの人々にとってそれだけで十分だった。大混乱の真っただなかで、シリア人戦闘員たちはそれが勝利への最速の道だと思っていた。

だが、シリアの人々がこの短期の目標だけを基準にして決断する一方で、ＩＳＩＳの上層部は何世紀も先を見据えたプランを練っており、アサド打倒はＩＳＩＳの最優先事項ではなかった。ＩＳＩＳにとっては、レバノンからイラクにまたがる「カリフの統治国」を樹立することが第一の目標であり、彼らの次なる行動でそれが明らかになる。

# 第四章　自壊するイラク

## アブドゥラ将軍

二〇一三年、私はアブドゥラ・モーゼス・カルドム将軍とバグダッドで会った。濃い口ひげをたくわえ、でっぷりしたおなかを突き出し、金色の肩章で身を飾るその姿はまさに過去の遺物であり、イラク軍の誤りの全てを体現していた。数々のシャンデリア、いくつもある金箔を張ったグランドファーザー時計（大型置き時計）、金縁の分厚いラグ類、おびただしい数の旗、刺繍をほどこしたカーテン、造花を入れた花瓶類。物にあふれる彼のオフィスは、外に建つわびしい兵舎と際立った対比を見せている。兵舎に住む部下たちは何も持っていなかった。

私とリックが部屋に入ると、アブドゥラ将軍はおもむろに机の前に回り、だだっ広いオフィスの真ん中まで進んだ。彼は軍需品のセールストークを聞いていた。会見開始の三〇分前に我々を呼び入れ、そこに立っておれと言わんばかりに部屋の隅を指差した。それから無言で指を上げてセールスマンを数分おきに黙らせ、我々が注目しているかどうか確かめた。電話機がずらりと並んだやたらと大きなマホガニーの机に戻り、誰かを電話で呼び入れ、一言も言わずに手を振って退去させた。その後、また我々が注目しているかどうか確かめるために視線をこちらによこした。

将軍は何百万ドルもする「革命的な爆弾探知器」の購入を任されていたが、あとになってそれが単なる珍品のゴルフボール発見器でしかないとわかり、当代最悪の腐敗スキャンダルとなった。将軍にそれを売りつけたのは、退職したイギリスの警察官ジェームズ・マコーミックで、製造原価がたった二〇ドルの器具を一台四万ドルで売って七五〇〇万ドル稼いだ。

マコーミックは単にその器具をインターネットで注文し、化粧箱に入れ、イラクに送ったにすぎない。その器具は対爆撃テロ用としてイラクの前線で使われたが、アブドゥラ将軍はそれを配備した責任者だった。驚いたことに、使い物にならないとわかっているのに、バグダッドのどの検問所でも今もそれを使い続けている。「テロリストたちはそれが偽物だと知らない。だから、いまだにそれを恐れている」と我々は聞かされた。テロリストたちは大まぬけに違いない！

部下の将校たちが全員失業しているのに、どうして将軍が仕事を続けていられるのか謎だ。将軍が詐欺に関与したことを示す証拠は何一つないが、イラクにおける腐敗は書類にきちんと残されている。次にイラクで起きることは、イラク軍が置かれている状態と、上から下まではびこる特有の腐敗がもたらした必然的な結果である。

## イラク軍、逃げる

「たぶん我々全員のミスは、イラク軍の腐敗ぶりを見抜けなかったことであり、ＩＳＩＳに立ち向かわなかったことだ。我々全員が失敗したと私は思っている」――アメリカ統合参謀本部議長マーティン・デンプシー

二〇一四年六月、ＩＳＩＳはシリアからイラクまでの広大なエリアを占領し、それはマスメディアで大々的に報じられた。都市が次から次へと陥落し、イラクの国会議員たちは、今、ＩＳＩＳを打倒しなければモスルが陥落すると言って支援を要請した。確かに、アメリカが目をそむけている間に、ＩＳＩＳがイラク第二の都市モスルを征服していた。ＩＳＩＳは百戦錬磨の聖戦《ジハード》戦闘員一四四〇人を刑務所から釈放し、アメリカが開発した重火器に負けないおびただしい数の部隊を掌握した。戦車、装甲車、大砲が倉庫にあふれ、ＩＳＩＳは一夜にして完全装備の近代的な軍隊と化し、テロリスト組織から世界的規模の脅威となった。進軍の途中、彼らは何千もの兵士や民間人を虐殺し、高く積み上げたその遺体は夏の日差しのなかで腐敗していった。

ＩＳＩＳがこれほど早くモスルやイラク北部の広大な領域を征服できた原因は、結局、イラク軍の内情によるものだった。軍は腐敗と身内びいきにむしばまれ、崩壊していたのだ。だが、それがわかっていながら、失敗がどれほど大きなものになるか誰も予測しなかった。とてつもなく大きな失敗だ

ったというのに！

かつてイラク軍は大いに成功したとほめちぎられ、だからこそアメリカは誇らしげにイラクから撤退できた。アメリカ軍の教官たちは気がかりを口にしたものの、沈黙を余儀なくされた。また、ＩＳＩＳが戦術的にどれだけ進んでいるか、誰もが過小評価していた。彼らが強化できたのは、おもにサダム軍の残党とスンニ派部族のおかげだった。

ＩＳＩＳの猛攻撃を前にしてイラク軍部隊が文字通り武器を捨て、逃亡したというのはけっして誇張ではない。攻撃が始まった翌日、私はイラク軍部隊が空っぽにしていった基地を何カ所か見て回った。ベッドは整頓されておらず、軍服とＩＤが床に散乱し、私物がロッカーに残されていた。ドアが開けっ放しで、蛇口からまだ水が流れている。三万人のイラク兵士が一夜のうちに自分の地位を捨て、身元がわかるものすべてを捨て、ＩＳＩＳが単に通り抜けていくだけの広大なエリアを残していったのだ。北部にある周辺の町々に急いで集結し、放棄された基地を引き継いでいたクルド人部隊がいなかったら、ＩＳＩＳはずっと早く国内を通過していただろう。

電撃戦の数日後、私は逃亡した兵士の一人と話した。そのときイラク北部のスレイマニアに隠れていたアフメドという兵士は軍隊での暮らしやＩＳＩＳの攻撃を受けるまでの日々について話し、全員が逃げた理由を話してくれた。

アフメドによれば、イラク軍は腐敗でむしばまれ、兵士は兵舎に姿を現す必要もなかった。司令官は四〇〇ドルの給料の半分と交換に、部下の在宅を許した。将校たちはコネのみで昇進したインチキ軍人で、戦術のイロハも知らない者が多かったし、多くは一度も基地に顔を出さなかった。これはイラク戦争後に我々がたびたび目にするもの——実力主義でなくコネで形成されている国家と軍隊だ。

将校たちは階級を買い、民間人からお金をゆすり取り、兵士の数と給料支払い名簿を水増しする。部下たちのために取っておいた食料や弾薬を売り、それはたちまちＩＳＩＳの手に渡る。これは残念な実態であり、イラク軍にさらに資金をつぎ込むには、より強い監視が必要だろう。二〇一四年一一月、ペンタゴン（国防総省）からイラク軍のために一三億ドルが議会に要求された。過去一〇年間にわたり訓練と装備のためにアメリカが与えてきた二五〇億ドルに加えてだ。

ＩＳＩＳがイラクに対する攻撃を開始し、モスルに近づいていたとき、アフメドやほかの兵士たちは上官に指示を仰いだ。ぞっとしたことに、上官たちは民間人の服装をし、兵士たちに基地を守れと言い残して逃げ出した。アフメドは言った。「連中は逃げた。だから、俺が居残って連中のために戦う理由はないだろう？　俺を見捨てた軍隊、イラクじゃなくてカネと家族のことしか考えない堕落しきった軍隊のために俺が戦う理由はないよ。そんな軍隊のためになぜ俺が死ななきゃならないんだ？」

ＩＳＩＳがやってくる前に、イラク兵士やシーア派に対する彼らの残虐さが話として伝わってきた。首切り、大量虐殺、拷問……。どれも事実だが、恐怖心をあおるためにＩＳＩＳのプロパガンダ要員が念入りに情報を流しており、それが功を奏した。恐ろしい話が耳から離れず、大量処刑や死のビデオを仲間うちで何度も見てきた兵士たちは、とどまって戦うことなどまっぴらだったのだ。上官たちが逃げ出した夜、部下たちもそれにならって逃げ出した。

それがエリート軍人の実態だった。誰も迫り来る攻撃を理解していないし、人々はそもそも無力でそれを止めることはできなかった。砂漠の電撃作戦は見事に成功し、世界中の人々は目の前にある現実の脅威に目覚めた。ＩＳＩＳがその姿を現したのだ。

## バドウシュの大量虐殺

二〇一四年六月一〇日、ＩＳＩＳがモスルを侵略した際、二つの大きな標的があった。銀行とバドウシュ刑務所だ。銀行は四億ドル以上の現金を保有し、バドウシュ刑務所にはＩＳＩＳのメンバーをますます奮い立たせる百戦錬磨の聖戦戦闘員一四四〇人が収容されていた。一年前の大胆なアブ・グレイブ襲撃と違い、今回は何の抵抗にも遭わなかった。

刑務所はもともと一〇〇〇人に及ぶ兵士と保安職員――イラク軍第三師団の連隊、警察部隊、輸送車の一団、防護軍――が警備していたが、襲撃当日、上官たちが早々と逃げるのを見ていたので、彼らは逃げてほしいと懇願する家族からの電話を受けた後、全員が敵前逃亡した。数日前、数百人がＩＳＩＳから直接、家族をダシにした脅しの電話を受けていたこともあり、ＩＳＩＳの軍勢が到着するころには誰一人残っていなかった。

モスルの西側二〇キロ、チグリス河岸とＡ１高速道路の間にあるバドウシュは、二七〇〇人の囚人を収容しているサダム・フセイン時代の堂々たる施設だ。囚人の多くが翌日までには殺されたが、ヒューマン・ライツ・ウォッチ（アメリカの人権ＮＧＯ）は、生き残った二〇人のうちの数人から彼らが受けた苦難について聞き取り調査をしている。

バドウシュの大量虐殺は近年で最悪の残虐行為の一つであり、ＩＳＩＳがいかに人命を軽視してい

バドウシュにおける虐殺。軍の崩壊後、捨てられていたイラク軍兵士のヘルメット（2014年6月）。©Photo courtesy of Rick Findler

るかを物語っている。シーア派囚人を大量処刑し、「不信心」のシーア派に対するアッラーの勝利だとＩＳＩＳは歓喜したが、数少ない生存者が述べる光景は吐き気をもよおす地獄絵だった。

ＩＳＩＳがモスルを占領したと聞くと、囚人たちは釈放を懇願した。監房のドアを何時間も叩き、叫び、鉄格子を揺らしたが、刑務所には誰も残っていなかった。シーア派の囚人たちは捕まったらどうなるか知っていた。手指が裂けるのもかまわず監房を破ろうとした。夜明けに、ようやく誰かが錠前を破り、仲間の多くを解放した。彼らは門から飛び出し、道路を走ったが、もう手遅れだった。目の前に、車から黒い旗をなびかせ、道路を破壊しながら迫ってくる何百人ものＩＳＩＳ戦闘員がいたのだ。

囚人たちはすぐさま逮捕され、逃げようと

した者は撃ち殺された。群れとなってバスに押し込まれ、砂漠に連れていかれた後、スンニ派とシーア派に分けられた。シーア派の囚人の多くがスンニ派の中に入ろうとしたが、特定の祈りを暗誦することができず、捕まった。彼らは列の先頭が見えないほど、ひどく長い列をなして砂漠を行進させられた。頭を下げ、両手を縛られた状態だった。狭い渓谷に近づいたとき、二列に並ばされ、合計一〇〇〇人ほどが自ら数をかぞえろと言われた。生存者の何人かは三〇〇まで聞き、何人かは六〇〇まで聞いたが、カウントは続き、九六〇でやっと終わった。彼らは静寂のなかに立ってコーランを暗誦し、速やかな死を祈った。この先、何が起きるかわかっていた。戦闘員たちがリーダー「エル・ハッジ（メッカに巡礼した人物に与えられる尊称）」にどうしましょうかと問いかける声が聞こえた。

「二人ずつ殺せ」。エル・ハッジがそう言うと、戦闘員たちの近づく音が背後から聞こえた。「いや、一〇人ずつやれ」。エル・ハッジが大声で言い、戦闘員たちが位置についた。最後に彼は叫んだ。「やつらを全員殺せ！」と。そして銃弾が降り注ぎはじめた。囚人五人ごとに約二人のＩＳＩＳ戦闘員がつき、おびただしい数の銃声が辺りに轟いた。死体が丘から落ち、多くの囚人が撃たれる前に自ら身を投げようとした。銃撃は一五分間衰えることなく、右、左、上、下と、狭い渓谷で続けられた。生存者の一人は自分に覆いかぶさってきた隣の男の血や脳みそを覚えているという。

重なった死体の下に隠れようとした人や、逃げようとした人もいたが、彼らはみな撃ち殺された。そして銃撃を終えると、戦闘員たちは引き返し、射撃を続けた。さらに、木の枝に火をつけ列のそばに戻ると、衣服に火をつけて死体を燃やした。多くの囚人がまだ完全に死んだわけではなく、じっと横たわって苦痛をこらえていたが、ほとんどがじっとしていられず、撃ち殺された。ついに銃弾がなくなると、ＩＳＩＳ戦闘員は立ち去り、辺りが静かになった。一時間かそこら経ったとき、数少ない生存者たちは足を引きずりながら渓谷を出て砂漠に入った。道路に戻るつもりはなかった。ゆっくり歩いていく途中で大半がどこかで撃たれ、一人、また一人と死んでいった。二〇人ほどが生き延び、その背後には大量虐殺された九四〇の死体が残されたといわれる。これは、その後に起きる大量処刑の第一弾だった。

今日、バドウシュは再び刑務所となったが、今では女性たちを収容し、レイプするために使われている。シンジャール山周辺で捕らわれた何百人というヤジディ教徒の少女たちが、家畜のように外国人戦闘員に売られる前にバドウシュに送られているのだ。そこから多くがシリアまで送られている。複数の報告によると、少女たちがよりきれいになるようモスルから美容師たちが連れてこられ、少女たちをドレスアップさせ、化粧をほどこし、戦闘員に奉仕するよう指導しているという。

## カリフ統治国宣言

「このグループ、ＩＳＩＳはそもそもイスラム教徒ではないし、彼らが宣言したカリフ統治国はインチキ共同体である」――ＣＩＡ長官ジョン・ブレナン

二〇一四年六月二九日、ＩＳＩＳがモスルを占領した二週間後、バグダディはモスルのモスクに現れ、自らをカリフとするカリフ統治国の創設を宣言した。その動きに誰もが驚いたが、宣言のタイミ

ングは絶妙だった。ＩＳＩＳはそのときまでにイラクの三分の一を獲得し、シリアで攻勢に転じ、シリアとイラクの国境線沿いの基地を破壊し始めた。実際、彼らはうまくやっているし、ここが勝負どころだったのだ。より広範な聖戦の展開にお墨付きを与えるために。

だが、この動きはバグダディを権力に飢えた成り上がり者にすぎないと見る世界中のイスラム主義者の顰蹙《ひんしゅく》を買い、ＩＳＩＳは著名な聖戦論者たちからほとんど支持を得られなかった。ほかのグループの大半はバグダディがクライシュ族の末裔ではないと思っている。クライシュ族は預言者ムハンマドを直系の祖とし、すべてのカリフが共通の祖先とするアラブの有力部族である。この時点では、インドネシアの一グループと「イスラミック・メグラブにおけるアルカイダ（ＡＱＩＭ）」という小集団と、イギリスの説教師アンジェム・チョーダリーらの独立聖職者たちが忠誠を誓っているだけだった。

バグダディは、ＩＳＩＳを生み出し指導者に名乗り出て、わずか一四カ月後にカリフ統治国を宣言したことによって、自らを「神の命令による」統治者として仕立て上げることに成功した。彼は、自らを「すべての忠実な信者の指導者」であり、預言者ムハンマドの後継者であると明言した。ＩＳＩＳのスポークスマン、アブ・モハンメド・アル・アドナニは「これは聖戦論者の長年の夢」だと断言した。「イスラム国」が樹立されたのは、この九〇年間で初めてのことだったと。

アドナニはさらに続けた。カリフ統治国を宣言し、すべてのイスラム教徒の指導者であると主張する要件は整っている。指導者は一つの領域を完全に支配しなければならない。資金、軍隊があり、支配下にある住民がいなければならない。住民の大半が服従を強いられているというのは筋違いだと。

カリフ統治国を樹立した理由はさまざまだ。まずバグダディは次のように主張した。「すべてのイ

自らをカリフと宣言した日、モスクで説教するアブ・バクル・アル・バグダディ（2014年6月）。
©Photo by Sipa Press/REX

スラム教徒は自分に忠誠を誓わなければならない。自分は神に選ばれし者であり、忠誠を誓わないグループはすべて攻撃されるだろう」と。

このバグダディの発言の意味は大きい。というのも、紛争が大きくなるにつれ、ISISとアサドの間で実際に戦闘が交わされる回数が減っていき、バグダディはまんまとほかのグループを乗っ取り、権力を集中させているからだ。

戦いは圧政的な体制に対する戦争や、彼が言うところの宗派に対する戦争でさえなくなり、国家の樹立にかかわるものとなった。こうしてバグダディは、アルカイダの中央部も含むほかの聖戦グループに言葉巧みに語りかけたのである。彼らは正統派ではない。だから忠誠を誓わなかった者を殺すのはいまや合法である。彼の下の多くの戦闘員たちをほかのイスラム教徒殺害に駆り立てたのもこの「法」であり、全世界の聖戦運動の内部に存在する緊張を生み出したのも、この「法」だった。

だが、この動きはISIS信奉者の中心的グループ、つまり若手の聖戦戦士には肯定された。彼らは国民国家という考え方や、国境線の引き直し、革命という考え方に惹かれた者たちであり、自国で失業率や低賃金など多くのことが悪化しているとき何か新しいものを生み出したいと思っている者たちだ。彼らは現状に不満を抱く怒れる若者であり、世界中の権威あるイスラム理論家とは何のつながりもない。若者たちはこうしたイスラム理論家のことを単調な声で大昔の本について語り、山岳地帯の洞窟に隠れている存在と見ている。

ISISは若い聖戦戦士たちに自分たちの主張を広め、彼らを一つにまとめたいと常々思っていた。この一〇年間で消えていった既成の運動と縁が切れたと感じている者たちを引き込みたがっていた。一方、彼ら若者の目には、ISISが大ごとを成し遂げるグループに見えた。ISISはソーシャルメディアの世界で最高の存在であり、魅力的かつ活動的に見え、自分たちは必要な存在なのだと感じさせてくれた。ISISが世界中の人々を引き込めたのは、この大衆運動のおかげだったのだ。

ある聖戦戦士が、カリフ統治国の樹立を批判したロンドンの聖職者にツイートした。「お前はロンドンでフィッシュアンドチップスを食べている。カリフ統治国について俺に語るな。俺たちはそれを実践しているんだ！」と。これはISISの中心メンバーが広く抱いている感情だ。樹立宣言は、ある者を熱狂に駆り立て、ある者を遠ざけたが、バグダディは選択肢を天秤にかけ、失うものより得るもののほうが多いと判断したのである。

# 第五章　ねじ曲げられた主義《イデオロギー》

「無辜の民を殺すときでさえ彼らは『アッラー・アクバル（神は偉大なり）』と叫ぶ。こうしたイスラム教徒は七世紀に逆戻りしている。特に過激な方法と戦争とによって……。イスラム教徒の大半はこうしたテロリストの行動にショックを受けているが、多くの人が彼らを本物のイスラム教徒と見ており、だからこそ彼らをはっきり非難する人間がいないのだ。（中略）驚くべきは、彼らが西洋の不道徳と西洋人の快楽主義と戦っているということだ。だが同時に彼らは、イスラムの名の下に反道徳的な行為を続けている」——指導的イスラム教学者、イエズス会神父、サミール・ハリル・サミール

ＩＳＩＳの主義《イデオロギー》のルーツは古代イスラム教にあるが、実際は自分たちの望む見かけに左右される傾向がある。彼らがイスラムのサラフィー思想（純化主義）という厳しい路線に従っていることは間違いないが、一方で、信奉者を駆り集めるために古代のさまざまな宗教的預言から知恵を借りている。ＩＳＩＳの行動を正当化するため、あいまいな言葉から廃《すた》れた考えまで数々の宗教書から引用してい

るのだ。

　彼らは心の奥では、イスラムの初期の解釈――サウジアラビアが実践しているワッハービズムに体現されている解釈――に戻りたがっている。彼らは、あらゆる形態の非イスラム政府、教育、法律を否定している（生き延びるため、西洋で訓練を受けたエンジニア、電気通信システム、インターネットプロバイダー、銀行システムは切望しているのだが）。彼らはイスラムを浄化し、ひいては世界を浄化したい。したがって、そのじゃまをする背教者や「不信心者」を大量虐殺することが許される、と主張する。イスラム教徒も含めてカリフに忠誠を誓わなかった者全員が虐殺の対象であると。

　しかし、彼らの巧みな言葉の多くはまた、前黙示録的な戦争の記憶を呼び覚ますためのものだ。彼らは敵を奴隷にするか殺すかして掃討する、最後の軍隊だと自分たちのことを見ている。かつてシリアの戦場で起きた十字軍とイスラム軍の衝突を絶えず引き合いに出し、その戦いを再現すると主張している。この言い分はとても重要であり、戦略的には重要でないがプロパガンダに役立つ街々（例えばシリア北部の街でキリスト教徒に対する最終決戦の地とされるダビク）を本筋から外れて占領したのもそのためだった。

　彼らの経典、コーランとハディースは指針ではなく文字通り受け取るべき言葉だとされている。この絶対性がイスラム原理主義の真骨頂だ。だから、「聖なる本」のひどく柔軟な解釈のおかげで、彼らは自分たちが必要と見なすすべての行動を正当化できる。

　皮肉なことに、彼らは他者――おもに「邪悪な」西洋、シーア派イスラム教徒、湾岸の君主国――が犯している不正を正しているのであり、だからこそ、そのじゃまをする人間を虐殺することなど何でもないと思っている。

忘れてはならないのは、世界中の大物イスラム指導者がほぼ全員、ＩＳＩＳをカリフ統治国として認めず、彼らの正統性さえ認めていないということだ。しかし、ＩＳＩＳを信奉する若いイスラム教徒は世界中に大勢いる。ＩＳＩＳは二一世紀に過激なイスラムを持ち込み、それを魅力的に見せることに成功した。世界的な聖戦運動はアフガニスタンの山岳地帯の洞窟と、何時間も宗教書についてものうく語る説教師たちを中心に据えてきたが、ＩＳＩＳはその多くを唾棄《だき》した。自らをイスラム文明の救世主として描き、テレビ番組のようなどぎついビデオゲームをつくり、人を殺すことがクールなことだと見せようとしている。

もう一つ忘れてならないのは、ＩＳＩＳの中心的指導部がフセイン時代の元バース党員で構成されていることだ、その多くはサダム・フセインの下できわめてナショナリスティックな綱領に従っていた。実際、彼らの多くが純粋に宗教的な想いからではなく、権力に復帰することを願ってＩＳＩＳに加わったように見える。そう言われているからこそ、指導者たちは人間らしい娯楽をかたくなに避けているのだ――むしろ彼らは、頭上にひっきりなしにやってくる無人飛行機の恐怖に怯えているのかもしれない。

ＩＳＩＳの信奉者の多くは、指導者たちの宗教的熱意よりアサドと戦う能力に惹かれている。それは長い目で見れば、ＩＳＩＳが押しつけようとしているシャリーア（イスラム法）に対する反動につながるかもしれない。

指導部が敵対を理由に自分たちと同じスンニ派を何百人も殺すことは、集団内で権力を求めている証拠であり、石油を売ることによってアラウィ派のアサド政権と取引することは、自分たちの都合次第で宗教的違いを棚上げしている証拠である。

# 第六章　優れた軍事能力――最強の武器は恐怖である

「今すぐ二個旅団をアメリカ軍と共に地上に配置したら、一瞬にしてＩＳＩＳをシリアに押し戻せるだろう」――元アメリカ中央軍最高司令官アンソニー・ジン将軍

我々は激しい砲火にさらされ、アサド軍からわずか五〇メートルほどの壁にぴたりと身を押し当てていた。軽量コンクリートブロックの壁の名残りが砲火を浴びて崩れ、我々のうちの三人が鉄筋コンクリートの柱の後ろに身をねじ込もうとした。左側で倒れかかっている壁は右側から重機関銃の標的となり、もう一発銃弾が命中したら一気に崩れ落ちそうだった。我々はまさに閉じ込められ、私は横でうずくまっている反乱軍の列や写真家のリックを眺めながら、本当にしくじったと思ったことを覚えている。

それは二〇一二年一一月のこと、凍てつくように寒かった。我々は二時間ほど前にトルコからシリアに着いたばかりで、アザズの町の南方にあるミナフ空港が反乱軍に急襲されたと聞いていたので、

大急ぎで現場に駆けつけた。

ミナフ空軍基地は反乱軍にとってきわめて象徴的な標的だった。アサドはこの基地から地元住民に対して無差別の空爆を行っていたからだ。反乱軍は、もし一時的にも空爆の中断があったら、基地を攻略する必要があった。だがアサドは、自分の戦いにとって空軍基地がどれほど大切かわかっている。空から兵士たちを補給し続け、夜間に補強物資を落とし続けた。我々は毎晩、基地周辺の野原を爆撃する戦闘用ジェット機を見ていた。ジェット機は着陸するヘリコプターを援護し、閃光で夜空を照らし、数キロ離れた壁を揺るがしていた。

我々が到着した最初の日、地元の自由シリア軍（ＦＳＡ）の大隊長は、我々が前線まで進み、自軍の急襲を目撃することを許可した。そこで我々は、基地の北側をめざし、放棄された村々を車で走り抜けた。アサド軍の戦車一台が停まっている泥んこ道を疾走するという危険を冒し、爆撃を受けた建物の残骸まで徒歩でたどり着いた。そこは不気味な場所だった。前方にどんな軍勢がいるかわかっているのに周りに誰もいない。我々は基地の壁に這《は》って近づき、なんとか正面にたどり着くと、前方に何があるのかと穴からのぞいた。

我々が到着したとき、そこはゴーストタウンだった。しんと静まりかえっていたのだが、突然ありとあらゆる方向から銃弾が飛び交った。アサド軍が正面の壁の側面に回り、我々は突然、抜き差しならない状態に追い込まれた。アサド軍は複数の監視塔から我々の脱出ルートに狙いをつけていた。我々は元来た空き地を横切って戻るしかなかったのだが、そこも銃撃にさらされていた。我々のいる位置でＲＰＧ（携行型対戦車ロケット砲）が爆発するまでそう長くはないとわかっていた。そこで我々は、無線通信をすばやく交わした後、急いで逃げることにした。

我々は頭を下げ、銃弾をよけながら、一人ずつ野原を疾走し、ついに反対側にある岩山によじのぼった。てっぺんにたどり着いて身を投げ出し、向きを変えると、我々の後ろから走ってきたしんがりの男が見えた。私はそのときの光景をけっして忘れない。その男、指揮官は笑い声を上げながら銃弾をかいくぐり、戻ってきたのだ。

戦闘員の心理状態とはそんなものだといわれている。戦闘によって少々常軌を逸し、死んでもいいと思っていると。だが、今回、彼はラッキーだった。我々は放棄された隣の建物の屋根に移動し、狙撃手たちがアサド軍の兵士たちを狙い撃ちするのを見ていた。まるで何事もなかったかのように。

ミナフにいたその日、私は中東では何一つ時間通りに行われないことを思い知らされた。反乱軍がその基地を攻略するまで一〇カ月もかかったが、ISISの指導者アブ・オマル・シシャニと彼が率いる残虐なチェチェン団が自由シリア軍に加わると、基地はあっけなく陥落した。我々が現地にいたころ、戦略の知識がほとんどなく資金も武器もひどく乏しい反乱軍が攻略していたが、シシャニが到着し、作戦の指揮を執ると、基地はそれからまもなく陥落したのだ。

彼は高性能爆弾をトラックに積み爆薬をメッキで覆い、到着したその日からミナフの防備を計画的に切り崩していった。防衛軍を一人残らず血祭りにして。それは、軍事的熱狂に駆られた百戦錬磨のISIS中核部隊と、ほかの反乱グループとの能力の違いをみごとに物語っている。

シシャニはISISとシリアの間で神秘的な存在だが、それは特に、容貌（赤くて長いひげや赤毛）のせいであり、国籍（彼の名前が示すようにチェチェン出身）のせいでもある。彼はISISで最高の戦闘員として、また、数々の勝利――数々の死――の功労者として知られている。今日、彼はＩＳＩＳの参謀長であり、北部司令官でもある。ＩＳＩＳの内閣であるシューラ評議会の席に座っているかもしれない。

私はシシャニのそばで戦っていたＩＳＩＳの離脱者から、「赤ひげ」というあだ名で呼ばれているその男のことを聞いたことがある。

シシャニは一九八六年、グルジア（ジョージア）の寒村の電気も水道もない小さな山小屋で生まれ、クリスチャンとして育てられた。九〇年代にロシアと戦っていたチェチェンの闘士たちの巣窟《そうくつ》となっていた有名なパンキシ・ゴルゲの羊飼いとして成長した。当時のチェチェンは（そして今でも）イスラムの反乱を弾圧しようとするロシアに虐げられていた。父親によると、シシャニは若いころから異教徒のチェチェン人がロシアと戦うために同国に潜入する手助けをし、彼らの任務に加わりさえしたという。

シシャニは学校を出た後グルジアの軍隊に入り、すぐに戦略能力と兵器開発で頭角を現した。特殊情報部で軍曹に昇進し、将校になろうとしている矢先の二〇〇八年、対ロシア戦争が勃発した。戦争中、彼は前線で過ごし、ロシアの戦車を偵察していた。前線の敵の動きを独りで観察し、自分の技量を磨いていったのだ。

戦争後、彼は結核と診断された。軍を去らなければならず、復帰も禁じられた。これこそ、彼がイスラムと聖戦《ジハード》に向かう動きの始まりだ。彼は依然としてロシアを憎み、自分にできるいかなる方法を使ってもロシアに打撃を与えたかった。だから、シリアで紛争が起きたとき、彼はアサドと戦うため

ウェブサイトに登場したアブ・オマル・シシャニ。ISISの軍事組織のトップに上り詰めた赤ひげのチェチェン人。チェチェン戦闘員はもっとも凶暴かつ実戦に堪える兵士として知られている。

にシリアに移った。彼にとって、アサドはクレムリンの延長だった。

シシャニがイスラム原理主義に本腰を入れ始めたのはここからで、戦場でずば抜けていた彼は自分の率いるグループ、ジャイシュ・アル・ムハジリーン・ワル・アンサールに次から次へと戦闘員を投入した。彼やほかのチェチェン民兵は、たちまちその残虐性で知られるようになった。彼らは数えきれないほど囚人の首をはね、戦場では他のISISメンバーでさえ太刀打ちできない攻撃性を見せた。

ミナフで勝利して間もなく、シシャニはバグダディと合流し、以後、彼の目標は単にアサドを倒すことではなくカリフ統治国の樹立となった。

グルジアの羊飼いの少年は大きな変貌を遂げた。彼の父親が最後に息子から連絡を受けたのは二〇一四年のことで、そのとき息子はチェチェンの女性と結婚し、ソフィアという名の娘がいると電話で伝えた。父親が、自分は今でもクリスチャンでいると話すと息子シシャニは電話を切った。シシャニはアレッポ近郊の山荘を拠点にしていたことが知られているが、彼と共に戦った二人の男によれば、彼は部下たちと一緒に床の上で眠り、部下たちと食事を共にし、彼らと笑い合っていたという。ＩＳＩＳを去った連中でさえ、彼を偉大な指導者だと称賛している。

ＩＳＩＳに早々と軍事的成功をもたらしたのは、シシャニと百戦錬磨のメンバーだといっても過言ではない。彼らは八〇〇人いる戦闘員のなかで筆頭の中心的存在で、釈放した二〇〇〇人の囚人に支えられイラク国内の突撃を先導し、すばやく勝つために恐怖戦術を駆使した。彼らはＩＳＩＳの槍の穂先であり、凶暴で無慈悲な殺し屋だ。彼らは初期に勝利を収めたことにより、いわゆるカリフ統治国の樹立において歴史的な役割を果たしたのだった。

## 戦術

現在、新入りの戦闘員一〇人につきチェチェンかリビアの戦闘員一人が付き、彼らを指導している。リビア人も数年前にカダフィと戦ったときから凄腕の戦闘員として知られていた。戦い方は出身国しだいで違っている。例えば、リビア人が指導する戦いは、真っ向からの対決、市街地での残忍な銃撃戦など、他の戦いよりもずっと厳しい。一方チェチェン人が指導する戦いは、長々と続く奇策によるものが多く、敵陣にこっそり潜入し、じっくり戦うものが多い。彼らは全員、グーグルマップとグー

シリア北部ミナフで包囲されている間、迫る銃撃から走って逃げる著者（2013年1月）。
©Photo courtesy of Rick Findler

グルアースとGPSを使って攻撃の詳細を練り上げる。通信は、常に豊富にあるSIMカードを使ってインターネットや電話で行っている。私は、反乱軍の戦闘員たちがごみ袋にSIMカードをいっぱい入れ、数回通話をするごとにカードを替えるのを見たことがある。

いまや、全てのISISの部隊が、攻撃の第一段階として自爆テロリストを使っている。壁に割れ目をつくるか、基地に入るか、検問所を突破するか、囚人を解放するかした後、突破口からなだれ込み、目にしたものすべてを破壊し、大量殺人を行うのだ。自爆テロの実行者に選ばれた者は栄誉を与えられるので、自ら進んで志願する。私は、自爆テロリストの家族に三六〇〇ドルが支払われると聞いたことがあるが、家族がいない者や外国人戦闘員はただでもやりたいと言っている。自爆テロがISISの最強の武器であることは間違いない。そして、本人が殺されてもかまわないと思っている場合、ベストを着ていたりＲＰＧ（携行型対戦車ロケット砲）を携帯している男が至近距離で自爆するのを止めることは不可能だ。

ＩＳＩＳは街を占領するなり、無数のＩＥＤ（簡易爆弾）を街中にまき散らして、反撃を不可能にする。人間の楯として使うため狙撃手で街を埋め尽くし、地元住民を確実に足止めする。そして、敵や戦場の大小に合わせて戦闘員を移動させたり、そのやり方を変えたりする。

## 権力の分散化

ＩＳＩＳにとって有利に作用し、彼らをこれほど強力な軍勢にした要素はほかにもある。ＩＳＩＳには分権化された軍事司令部があり、標的が決まると、熟練の司令官がそれに合った作戦を自由に立てることができる。一方、イラク人やクルド人は司令部や統括組織がないばかりに、上から明確な指示が降りてくるまで身動きが取れないのだ。クルド軍のアブドゥラ・カードム将軍は私に語った。「我々にぜひとも必要なのは、アメリカの手を借りて基本組織をつくることだ」と。

この分権化によって、ＩＳＩＳの次の動きを読むのが非常に難しくなり、また、戦いの条件をＩＳＩＳが思うように決められるようになっている。彼らはこれまでたびたび、不意の、おそらく衝動的な動きで敵を驚かせてきた。例えば、南への攻撃を続けずに北部のクルド人を攻撃したり、戦略的な重要性が疑わしいのにコバニを攻撃し続けたり、イラク西部とバグダッド周辺のあらゆる方面に勢力を拡大していったりしたことなどなど。この変幻自在の戦略は彼らの助けにも妨げにもなってきたが、いずれにせよ「腰を据えて居残り、拡大する」という彼らの方針の要となっている。彼らはこの方針に従い、地域を一つにまとめて掌握しようと、絶え間なく動き、絶え間なく戦うのだ。

この戦略のおかげで彼らは敵が一カ所に集まるのを防げた――敵は一カ所に集まれず前線に沿って拡散しなければならない。これは、ISISのそれぞれのチームが自分たちの持ち場で活動しているとき、敵から攻撃されないということでもある。例えば、ISISはクルド人と対峙している一三〇〇キロの境界線に沿って移動し、敵を混乱させ続けることができる。ISISが次にどこを攻撃してくるか敵にはわからないからだ。ISISは境界線上をピックアップ・トラックで行ったり来たりした後、再結集し、境界線に向けて銃を乱射する。最初のころ、これが非常にうまくいき、ISISはさまざまな場所に薄く広く拡散していった――今では、このやり方で上空を飛ぶアメリカ軍のジェット機を手こずらせている。

元フセイン軍の将校たちの知識と経験もISISに多大なノウハウを与えたが、重要なのは、組織の権力分散化があり、ISISがどの軍隊よりも強かったという事実だ。彼らは好きなときに好きな地域をタイミングよく支配していった。初期に勝利している間、彼らは一度も統一された軍隊や実戦に堪える部隊に出会ったことがなかった。イラク軍は使い物にならずに崩壊し、シリア軍は一度もISISと本気で戦わなかった。クルド人は勇敢かもしれないが、経験や強力な武器を持っていない。トルコはといえば、サウジアラビアや他の湾岸国と同様、国内の政情不安が心配で彼らを追い詰めている余裕などなかった。一方、それ以外の反乱グループは、ヌスラ戦線を除けば、影が薄く、ISISの仲間になるか殺されるしかなかった。

## 離脱者

トルコ南東部の街、ガジアンテップの小さなアパートの一室で、アブ・アルムタンナはISISの内情——血に飢え、首切り、殺害が横行する世界、そして同志愛について語った。彼も敵の首を切り、殺したことがある。罪の意識はなかったが、とても悲しかった。自分のやったことを後悔し、償いをするために話すのだと語った。

アブ・アルムタンナはISISから逃げた一握りの離脱者（せいぜい数百人）の一人にすぎず、事実を語るために生きている。離脱者たちは追跡され、トルコ国境で殺されることが多く、さもなければ彼らの代わりに家族がひどい目にあった。以下はアブの話したことだ。

彼は一九八六年、シリアのラッカ——今ではISISの首都となっている町——で生まれた。両親や祖父母、曾祖父母同様、農民だった。彼は幸せなころの家庭を覚えている。貧しく、独裁政権下にあったが幸せだった。ところが、革命が始まってまもなく、家のドアがノックされた。政府軍の兵士がアブを捕え、年輩の父親を殴り、アブをダマスカスまで連行した。彼は反乱の指導者ではなかったし、よりよい権利とより多くの自由を求めていた人間の一人にすぎなかった。連行された人の多くがそうであったように。

彼は一〇カ月にわたり拷問を受けた。毎日何時間も両腕を吊り上げられ、睡眠を奪われ、手や足の指を剝《は》がされ、皮膚を剝《む》かれた。一二人の人間と同じ監房に押し込まれ、多くは叩き殺された。ある日突然、彼は釈放され、帰宅を許された。そこで彼は自由シリア軍に入り、戦争への道を歩き始めたのだ。

「そのとき俺のなかには激しい怒りがあったので、戦いたかった」とアブは言う。「殺したかった」と。そしてまさに彼は殺した。手始めに政権側の基地を襲い、丘陵地帯で立ち上がったばかりの反乱軍に参加した。持てる力を出しきって抑圧者たるアラウィー派と戦った。だがまもなく自由シリア軍は持ちこたえられなくなり、彼はほかのグループが新たにやってくることに徐々に気づいた。そのグループは自由シリア軍より装備が整い、より多くの武器と資金を持っていた。つまり、ヌスラ戦線が地域で強大になっていたので、そこへの参加を決めたのだ。

彼らは軍事基地に大規模な攻撃を仕掛け、たちまち事態を好転させた。アブは自爆テロリストたちが自爆する前に一緒に祈りを捧げ、彼らの後について行き、残りの敵を殺したことを覚えている。「殉教者」を見るのはそれが初めてだった。

わずか四カ月後、ＩＳＩＳがラッカで一発の銃弾も撃つことなくヌスラ戦線の大隊を破り、ヌスラ戦線の二〇〇〇人は単に名前を変え、そのままＩＳＩＳとなった。「俺はＩＳＩＳに移れてうれしかった」とアブは私に言った。「ＩＳＩＳにはもっと資金があったし、最高の武器があった。それ以外の点ではヌスラ戦線と同じだった」。

アブはバグダディに忠誠を誓い、数百人の新入りたちと共に地域のアミール（首長）と会った。「俺は首長の両手のなかに自分の両手を置いて決まり文句を唱えた。『私は皇子、初代アル・カリファーに忠誠を誓い、何事においても皇子に忠誠を尽くし服従いたします』とね」。

アブは、経験豊富な外国人戦闘員――チェチェン人とアフガン人――が指導する四〇日間の訓練を受けるため地方に送られた。訓練は厳しく、武器の扱い方が主だったが、肉体鍛錬や戦術に関する訓練もあった。彼らは寄宿舎とされた農家の建物の中で眠った。床に敷いた毛布の上で並んで眠り、午前六時から八時までの肉体訓練を受ける前に早朝の祈りを捧げるため、午前四時半には起床した。訓練は日に二回行われ、就寝時間は午後一〇時だった。一〇人一組のグループに分けられ国籍はまちまちだったが、チェチェン、ウズベク、アフガン、タジクは一緒にされることが多かったため、彼らはお互いを理解していった。

訓練生たちは壁を飛び越え、丸太の下を這い、撃殺や待ち伏せ、機動作戦の訓練を受けた。毎日、女性や子供たちが料理するシチューや米、肉など、食べる物は豊富にあり、おいしかった。服と靴と専用の銃が与えられた。「本物の兵士になった気がした」とアブは言った。彼には月に約一五〇ドルが支払われた。

訓練中、彼は大勢の聖戦戦士と会ったが、本名を明かすことは誰にも許されていなかった。この期間中、彼は三人のフランス人と一人のイギリス人と生活を共にしていた。彼らの話すアラビア語はつたなかったが、語学のレッスンは定期的にあった。アブが言うには、彼らはグループのなかでもっとも過激だった。コーランに関する知識はさほどなかったものの、人一倍攻撃的で血に飢えていた。彼らは初日から、首を切ることや流れる血のこと、敵に悲鳴を上げさせることについて冗談を飛ばしていた。

次の一四カ月間、アブは幾多の戦場でＩＳＩＳと共に戦った。二、三日で終わる短い戦いもあれば長い戦いもあり、なかでもマルカダの戦いは五カ月かかった。六〇〇人のＩＳＩＳ戦闘員が死に、自由シリア軍――かつては仲間だった――から来た兵士たちも同じくらい死んだ。

アブにとって、これは「忘れられない」戦いだった。最後のころには、目にするありとあらゆるものを破壊し、ありとあらゆる人間を殺していた。女性、子供、町に残っていた誰彼かまわず殺した。「俺たちは家から家へと歩いた。簡単だった、戦闘中だったから。連中が俺たちを殺したから、俺たちも連中を殺した」とアブは言った。ただし、彼自身は子供を一人も殺さなかったそうだ。

戦いは友達ができる格好の場であり、戦いが終わった後、戦闘員たちは戦い方や敵について語り合った。危険な行動や英雄的な突撃を数え上げ、自分たちが殺した人間や幸運にも殺された人たちのことを話した。あまりに多くの戦闘員たちが殉教者のように死ぬことを志願していたので、彼は一度もそうしろと言われなかった。「志願する人間が多すぎたんだ」。

誰かが負傷すれば、地元の医者が十分に手当てをした。外国人戦闘員が医師や看護師としてやってきて戦闘員たちのために病院を丸ごと占領した。もし深刻な負傷なら、患者は自由シリア軍のふりをしてトルコに送られたが、トルコの病院ではチェックなどほとんど行われていなかった。

戦闘員たちはいつも冗談を飛ばしていた――女性、戦い、敵にまつわる冗談を。彼らの間の同志愛は「特別だ……」とアブは言った。「あそこではいい友達でいられた」と。そして、多くの戦闘員が妻をめとった。ヤジディ教徒の娘たちがトラックでラッカに送られ、自分の意志に反して、たいてい外国人と結婚させられた。「アミールが娘たちを贈り物として与えるんだ。それから、連中は娘たちを好きなだけもらう。チュニジア人は二人か三人もらった」。

ＩＳＩＳの〝首都〟ラッカにいたころ、アブは厚遇され、小売商や通行人から飲み物や食べ物を供されたが、料金を要求されたことは一度もなかった。彼が言うには、ラッカの人々は彼やほかの戦闘員たちを恐れていなかった。

彼はときどき、友人たちと刑務所のなかをぶらついた。どの刑務所も満員で、どの監房でもほかの囚人たちの目の前で拷問が行われていた。「それを喜んでいるやつらがたくさんいた」。彼らは戦場で捕らわれた囚人ではなく、ＩＳＩＳの下で暮らし法を犯した者たちだ。連中はおもに電気ステッキや鞭、棒で囚人を叩いたが、体を切ったり焼いたりもした。

ある戦いが終わったとき、ＩＳＩＳは囚人を三〇〇人捕えた。町の外にある建物に一日拘留した後、全員を一斉に銃殺した。「気分は悪かった。でも俺たちにはどうすることもできなかった」とアブは言う。囚人のなかには女性や子供たちがいたが、彼女たちは建物内に残され、そこで殺された。

アブは首切りをたくさん見た。誰に首を切らせるか言い争う場面も見た。本当に味方かどうか試すため、あるいは新入りを試すために首切り実施されることもあった。首切りをフィルムに収め、後でビデオを見ながらそのテクニックを論評することがよくあった。だがアブは誰の首もはねたことがないと言う。「それがいいことだとは思わないからね」。

アブは、ＩＳＩＳがアサド政権との戦いに重きを置いているわけではないとしだいに気づき始めた。ほかのグループから土地を奪い、住民を殺しているだけだし、そんなことに自分は賛同できないと。「住民に罪はないんだ」。アブはシーア派やクルド人や外部の戦闘員を殺すことには同意したが、ＦＳＡや子供を殺すことには賛同していないし、ほかのシリアの反乱軍と戦うことにも後ろめたさを感じた

――友人の何人かがその軍で戦っているのだ。「それは部族間の争いであって、宗教のためではなかった」。

アブはISISを去る決心をし、家族に会うために二日間の休暇が欲しいと願い出た。長いことISISと行動を共にしていたので、これは許可された。いとこに車で迎えに来てもらい国境まで走り、そこからガジアンテップに逃げた。今は仕事を探している。「たぶん、レストランで！」。

アブは罪のない人々を殺したことは後悔していると言い、私もその言葉を信じるが、彼は今後も喜んで殺すつもりでいる。「今のきみの敵は誰だ？」と私は訊ねた。「俺と戦う者は誰でも、俺たちを止めようとする者は誰でもだ。アメリカ人、ヤジディ教徒、クルド族、クリスチャン。やつらが銃を持っていたら、俺はやつらを殺す」。

## 民兵

二〇一四年六月、アリ・サイードはISISがバグダッドに近づいていると聞いた。市内では噂が飛び交い、アリはいろいろな人からISISがほんの数キロ先まで迫っていると聞かされた。街に火をつけようと待ち構えているスパイ組織の話や、彼らが隠している武器の貯蔵庫の噂が駆け巡り、人々は戦々競々《せんせんきょうきょう》としていた。

アリ・サイードはバグダッドの住民の多くと同じくシーア派であり、ISISが到着したら何が起きるかわかっていた。市民は虐殺され、その子供と妻はレイプされ奴隷にされるだろう。バグダッドはすでにスンニ派から日常的に爆撃を受けていたので、噂は信じるに足りた。まもなく市街戦が始まると彼は確信した。「俺は最悪の事態に備えていた。家を守るためにすでに銃を買っていた」。

暴れ回るテロリストを前にしてイラク軍が退却すると、イラクにおけるシーア派の指導的聖職者、アヤトラ・アリ・アル・シスタニは、ファトワーすなわち宗教的命令を出した。「国を守れ、国民を、市民の名誉を、聖なる場所を守れ」とシーア派に呼びかけたのだ。何千人もの人間が彼の呼びかけに応じて武器を取り、新兵徴募センターに結集した――そのなかにアリ・サイードもいた。

かつてシスタニは、国でもっとも影響力のある人物と呼ばれていた。二〇〇三年以降、新憲法の制定を要求し、二〇〇五年にイラク人に投票を呼びかけたのは彼だった。シーア派は彼の発する一言一句に従った。そして、シスタニがファトワーを出したので、シーア派は皆入隊するのは義務だと考えた。イラク大統領アバディは、一〇〇万のイラク人シーア派がイラク軍の空白を埋めると想定した。これらの民兵はまもなくＩＳＩＳに負けないくらい残虐になるはずだと。

小売商のアリは四六歳で、何十年も銃を手にしたことがなかった。サダムの軍隊で身分の低い徴集兵だったが、それはずっと前のことだ。それでも、呼応するのが義務だと感じ、アル・ハスド・アル・シャビ軍――大衆動員部隊に入った。再訓練を受けた後、彼はバグダッドの南方五〇キロほどでＩＳと戦っているシーア派民兵に配属された。このとき、彼は「シーア派の宗教戦士」となったのだった。

戦いが激しくなると、軍の管轄外で活動しているシーア派民兵たちは暴力をエスカレートさせていった。実際にバグダッド内部であったことだが、ある時期、シーア派の人々が自分たちの居住区から

ミナフ基地から外をのぞくシリアの反乱軍兵士。©Photo courtesy of Rick Findler

スンニ派を追い出し、多くのスンニ派の人々が行方知れずとなった。

まもなく、アリたち五〇〇人の臨時雇い民兵は徹底的な宗派戦争を遂行していった。ISISだけでなく、罪のないスンニ派の村人にも怒りの鉾先を向けたのだ。「俺たちは村のやつらが全員、ISISを支持していると思った。バグダッドを攻略しようとするISISに協力したがっていると思った。だから、やつらを止める必要があった」。そうするために民兵たちは、仕返しに次ぐ仕返しの戦いのなかで、村を徹底的に破壊し、村人を殺すようになった。

民兵たちは、バグダッドから半径三〇キロ以内にある農地や村々を焼きはじめた。彼らはその一帯を「殺害ゾーン」と呼び、そのなかで見つけた者は誰彼かまわず敵と見なした。今や八万人のスンニ派が、かつては敵味方の区分などなかった土地にあった自分の家を離れ、逃げている。ほかに行き場のない男たちの多くがＩＳＩＳに加わったであろうことは想像に難くない。

現在、独特の制服を着てイラクで戦うシーア派民兵の動画が、ネット上に大量に流れている。ある動画では、指揮官がとても戦闘員には見えない男たちの腐敗していく死体の前に立ち、なぜ彼らを埋葬しないのかと聞かれるとこう答えた。「こんなテロリストたちは埋葬に値しない。犬たちにこいつらの肉を食わせるんだ。犬が殺しの手伝いをしてくれる」。

こうした民兵たちはイラク政府の確固とした支持者だ。だが、実際のところは、イランの期待に応えている。彼らは国内でＩＳＩＳと戦っているが、イラクの旗の下で戦っているわけではなく、シーア派の旗の下で戦っているのだ。彼らはイラク軍の制服を着ていない。シーア派旅団の記章が付いている以外はバラバラの軍服を着ている。そして、自らを聖戦戦士と呼んでいる。彼らにとって、これは宗教戦争であり、それが国中で起きているのだ。

シーア派の民兵たちは、北方のクルド族支配地域からディアラの南方と東方の地域まで、街を掃討するだけでなく、街を燃やし、掃討した街の壁に自分たちの名前を誇らしげに塗りたくる。長い目で見れば、これがさらなる憎しみを生み、ＩＳＩＳ問題の解決を遠ざけることにもなるのだ。多くの場合、ホームレスとなった家族は、まずＩＳＩＳに追いやられ、その後、家を民兵に破壊される——つまり、数えきれない人々が二つの悪に捕われたままとなるのだ。

イラクでＩＳＩＳと戦っている民兵が、シリアでアメリカに援護されている反乱軍と戦う民兵と同じシーア派だということは、この戦争の大いなる皮肉だ。「俺が一緒に戦った男たちはたいてい、ここに戻ってくる前、シリアで戦っていた」とアリも認めた。彼らは、多くの場合、二〇〇三年のアメリカの侵攻と戦った兵士でもあり、今や敵味方入り乱れているのだ。

そして、こうした事態もまた、イランが担っている非常に重要な役割を浮き彫りにしている。イランは、こうしたシーア派民兵創設の背後にある大きな勢力だ。クルド人でイラクの副首相でもあるホシャール・ゼバリは、イランについてこう語っている。「私が思うに、イランは民兵の給料を払っている。食糧、衣服、武器などなど、六月以来、一〇億ドル以上民兵に出しているだろう」。

バグダッド中に恐怖と噂話が蔓延し、バグダッドが陥落するかもしれない雰囲気があったにもかかわらず、何も起きなかった。そうした事態になれば多くの人間にとって手に負えない異常事となる。だが、デマを飛ばして世間を騒がすことは、何千人ものシーア派を動員し、武器を取らせるのにいい方法だった。ISISがイラクに押し入った当初、人々は恐怖におののいていたが、バグダッドの守りは常に堅固だった。周囲を鋼鉄で囲まれ、二、三の主要な輸送道路しか出入りができなかった。バグダッドではシーア派が優勢で、ISISがその規模の都市を乗っ取るには住民からさらなる支援を受ける必要があったが、それは無理な話だった。

さらに、バグダッドを失うことは国を失うことだとアメリカは知っている。そこで、最初はぐずぐずしていたが、この期に及んでアメリカは、そんな態度と決別した。ISISがバグダッド空港に近づいたときはいつでも、すばやく、断固として反応し、何百人ものアメリカ部隊が常駐する空港から全天候型攻撃ヘリコプターを飛ばすようになった。

## ヒズボラ

紛争地域におけるイランの主たる軍事代理人（戦闘代行人）は、レバノンを拠点とするヒズボラだ。民兵について語るにあたっては、シリアにおけるヒズボラの役割について二、三触れておくべきだろう。シリア紛争の初期のころ、アサド軍が反乱グループ——ときにはアメリカに援護された反乱グループ——に圧倒されているとき、シリア軍が持ちこたえられたのはイランとヒズボラの支援があったからだ。

アメリカは、反乱グループへの支持を強めることでヒズボラの関与に対抗した（アメリカはヒズボラをテロリスト組織に分類している）。すでに二〇一二年八月の時点で、財務省は以下の声明を出していた。「この戦闘で、シリア国内におけるヒズボラの活動が何であるかが、すなわち、アサド政権が国民に与えている継続的な暴力におけるヒズボラの不可欠な役割が明らかになった」。

我々は、もしイランがあれほど早くから残虐なアサド政権の支援に乗り出さなかったら、穏健な反乱軍はもっと成功していたかもしれず、アサド政権は倒れていたかもしれないし、ＩＳＩＳが活動できる温床はもっと少なかったかもしれない、ということを考えなければならない。これは大きな仮定だが、彼らが関与したからこそ、世界中の何千というスンニ派が駆り立てられ、一見、宗教戦争の色を増していく戦いに押し寄せたのだ。

今日、およそ七〇〇〇人から二万人のヒズボラ戦闘員がシリアで戦っていると見られており、彼らの支援がなければアサド政権が大いに苦戦することは間違いない。私が思うに、ここで何かしら解決法を見出したければ、そして欧米がＩＳＩＳに反撃する可能性が欲しければ、まずアサド政権を倒さなければならない。これを実現するには、イランによるアサド政権への財政的支援と、代理人ヒズボラ経由の支援をやめさせる必要があるのだ。

## アフガン人

イランはまた、収監していたアフガン人の囚人たちをシリアの戦場に送り込んだと非難されている。戦いに敗れた数人の元囚人が瓦礫の下から引っ張り出され自由シリア軍に捕まり、なぜここにいるのかと質問された。彼らは答えた。自分たちはイランに不法滞在し、麻薬取引や窃盗といったさまざまな犯罪で逮捕されたと。

イラン政府は彼らに二つの選択肢を示した。アフガニスタンに追放されるか、月に六〇〇ドル――彼らにとっては大金――をもらってシリアで戦うか。アフガニスタンではシーア派の彼らは殺される危険がある。そんなわけで妙なねじれから、紛争初期のシリアにはアサド政権側に立って戦うアフガン人戦闘員が四五〇〇人おり、イラン人指揮官が直接指揮に当たっていた。彼らによれば、イラン人指揮官は彼らを指揮するだけでなく、彼らが逃げようとすれば射殺する権限も持っていた。

この戦争という大釜のなかで、国々がもつれ合ってかかわっている。こんな現象は、ほかのどこにもない。

# 第七章　誘拐、そして殺害

とりわけＩＳＩＳの残虐性を明確に示し、万人の心に強く焼き付いている画像がある。彼らの残忍性と暴力性を具体的に表し、欧米を行動に駆り立てる大きな要因となった、オレンジ色のジャンプスーツをまとい砂のなかにひざまずくジム・フォーリーの画像である。彼は、死を目前にしても背筋をぴんと伸ばし毅然としていた。その後、同じような画像とビデオが流されたが、どれも意図的に挑発するものだった。ジム・フォーリーからデーヴィッド・ヘインズ、デーヴィッド・ヘニング、ピーター・カッシグ、スティーヴン・ソトゥロフと続いた。

私はこれらのビデオについてここで描写するつもりはない。そうすべきだと思わないし、ビデオも見られるべきではない。だが、これらのビデオは以後に起きた全てのことにおいて、重要な役割を果たしている。ほかの多くの理由も含めて、ここに挙げた人々の人生は重要となる。私はそれぞれの人物について、彼ら自身の言葉と彼らの周囲の人々の言葉を用いて記し、本書を進めていきたい。

ＩＳＩＳに拘束されるとはどんなことなのか知る人はほとんどいない。ジム・フォーリーたちが感じたに違いない恐怖を実感することは誰にもできないし、彼らが耐えた苦難は知る糸口さえない。しかしながら、ジム・フォーリーらと一緒に拘束された囚人たちは、やがて釈放されるか（政府が身代金を払った）、ほかの囚人と交換されるかし、内部で起きている事態の究明に一筋の光明をもたらした。人道支援の人々も含めて合計二三人の西洋人が人質として誘拐され、全てのヨーロッパ人（イギリス人を除く）、すなわちドイツ人、イタリア人、フランス人、デンマーク人、スペイン人、スイス人が解放された。救護活動をしていた名前のわからない二六歳のアメリカ人女性は、いまだに捕らわれている（注：二〇一五年二月、死亡が確認された）。そして、身代金を払うことの是非をめぐる議論は今も続いている。

## ジム・フォーリー

ジムは四〇歳、ニューハンプシャー州ロチェスターで五人兄弟の長男として生まれた。最初は教師だったが、しだいに紛争地域に興味を引かれるようになり、紛争で捕われた人々の話を世に伝えたいと考えるようになった。二〇一一年、記者としてカダフィ政権の崩壊を追っているときリビアで誘拐され、トリポリの刑務所で数週間過ごした後、釈放された。それから間もなく前線報道の仕事に戻り、二〇一二年一一月二二日、捕われた。

彼の親友で、ヒューマン・ライツ・ウォッチ（アメリカの人権ＮＧＯ）の非常事態担当者ピーター・ブッカートは、ジムのことをこんなふうに記憶している。

ジム・フォーリー。2014年8月19日、シリアでISISに殺害されたアメリカのジャーナリスト。
©Photo by Jonathan Pedneault/EYEPRESS/REX

「ジムはさっと飛んでいって記事を二、三本送り、さっと帰ってくるようなジャーナリストではなかった。現地に行ったら、その土地の人々と暮らし、人々と苦しみを分かち合い、人々のことを世に伝えたがっていた。何カ月間もさまざまな場所で過ごし、地元のタクシーであちこち周り、そこで友達を何人もつくった。以前は教師だったから、人とわかり合う方法を知っていた。最悪の状況を和らげ、その状況に巻き込まれた人々の信頼を必ず勝ち得ているように見えた。

私は、ジムの家族や友人たちを永遠に苦しめる残忍な処刑のビデオがこの世から消えることを願っている。あれはイスラム国（ＩＳＩＳ）が私たちを怖がらせることを狙ったものだし、恐怖に満ちた彼の最後の瞬間について考えるのは耐えがたいことだ。ほかにも人質がイスラム国の手中にある。しかも同じ目的のために人質にされていると考えることも耐えがたい。イスラム国に捕まり、ジムと同じ運命に苦しんでいる何百人もの名もなきイラク人やシリア人のことを考えるのも耐えがたい。でも、ジムはきっと、私たちに彼らのことを考えてほしいと思うだろう。

さようなら、親愛なるジム。私たちは、すばらしい人生を送った人として君を思い出すだろう。残酷な最期を迎えた人としてではなく」

二〇一二年一一月二二日、ジムとジョン・キャントリーはイドリブの北西部にあるビニシュというシリアの街の近くで誘拐された。シリア国内を無事に回り続け、トルコに戻る途中で捕まったのだ。彼らは町のインターネットカフェで記事を送った後、外に出て、国境に向かうため流しのタクシーを拾った。村を出てまもなく、岩だらけの荒涼とした風景に囲まれた田舎の道で背後からバンが猛スピードで追い上げ、なかから武装した男たちが飛び出してきた。ジムたちはドアを開けることを拒んだが、結局、男たちが銃を発射したため、ドアを開けるしかなかった。目隠しされ、手錠を掛けられ、車に放り込まれ、苦難が始まった。この苦難は、少なくともジョンにとっては、今日まで続いている。

ジムに出会った人は誰でも、彼のことを穏やかで思いやりのある人だと称賛した。ジムはほかの人々とほぼ二一カ月間拘置されていた薄暗い監房のなかで、落ち込む人がいれば元気づけ、ひもじがる人がいれば自分の乏しいパンを分け、寒がる人には毛布を貸した。精神を鋭敏にしておくため、ないに等しい希望を持ち続けるため、狭い監房のなかでゲームをすることを呼びかけた。彼らは家族との思い出を語り、解放されたとき家族と会う場所について話した。映画のストーリーを最初から最後まで話したり、自分の知っている話題についてお互いに教え合ったりした。お先真っ暗な暗がりのなかで、笑い声を上げたりすることさえあった。

当時、ＩＳＩＳはまだ実体として存在せず、ジムたちはヌスラ戦線に捕らわれていた。刑務所から刑務所へと移され、組織の分派ができるたびに、さまざまなグループの間を行ったり来たりさせられていたようだ。ＩＳＩＳが出現したとき、ジムたちは引き渡されたか売られたかしたに違いない――ＩＳＩＳは大金を払って、欧米のジャーナリストを寄せ集めていた。彼らの真の値打ちを知っていたからだ。

そのころ、アメリカのジャーナリスト、ピーター・テオ・カーティスも（別々に拘置されていたものの）ヌスラ戦線の囚人だったが、カタール政府の介入によって解放された。カーティスは彼らが直面した恐怖を最初に詳述した人物だが、その話の中身はすんなり読めるものではなかった。

カーティスは『ニューヨークタイムズ』に、愚弄され、殴打され、屈辱を受けた体験を詳細に記している。自分が味わった絶望感や混乱についても記している。希望というものを理解できず、自分が捕われている事態を合理的に説明できなかった。パンチやキック、棒やロープ――連中が入手できたありとあらゆるもの――で激しく叩かれ、何日も気を失っていた。コンクリートの壁に叩きつけられ、何時間も直立させられ、目隠しされ、飢餓状態に置かれた。何年間も、監房の冷たいコンクリートの床の上で体を丸めて眠った。

連中はときどきカーティスの両脚にタイヤをはめて動けないようにし、ひっくり返し、はだしの足を鋼鉄のケーブルで鞭打った。これは何年も続いた。

我々は捕われた人々が、すさまじい苦難にさらされることを知っている。ときには板にくくられ、人が見ている前で水責めにされることもあった。だがジムは、こうした拷問の合間に、ほかの囚人たちと約束した。万が一、たった一人が帰郷できたときに備えて、各人がそれぞれの手紙を覚えておくことを。

デンマーク人の写真家ダニエル・ライ・オットセンは脱出に成功した一人だ。ここにあのシリアの監房でジムがしたためた手紙がある。ダニエルが覚えてジムの両親のもとに持ち帰った手紙だ。両親はジムの死後、この手紙をメディアに公開した。以下、全文を掲載する。

**親愛なる家族と友人たちへ**

僕は父さんとショッピングモールに行ったことや、母さんと自転車でずいぶん遠くまで行ったことを覚えています。僕には、この刑務所から僕を連れ出してくれる家族のすばらしい思い出がたくさんあります。家族や友達のことを夢見ることが、僕をここから連れ出し、僕の心を幸せで満たしてくれます。

あなたたちが僕のことを思い、祈ってくれていることはわかっています。僕もとても感謝しています。僕はとりわけ祈っているとき、あなたたちみんなのことを感じます。僕はあなたたちが強くあり続け、信念を持ち続けられるよう祈ります。僕は祈っているとき、この暗がりのなかでさえ、あなたたちに触れていると感じることができます。

僕たち一八人は一つの監房に拘置されていましたが、それが僕には救いでした。僕たちは映画や雑学的なことやスポーツについて延々と話しました。監房で見つけた紙切れでゲームをつくり、遊びました。チェッカーやチェスやリスクゲームをする方法を考え出しました。トーナメント式の競技会を開き、何日も前からゲームやレクチャーのある日に備えて準備するのです。ゲームで遊ぶこととお互いに教え合うことが時を過ごす助けとなりました。大きな救いとなりました。僕たちは話を繰り返し、声を上げて笑うことで緊張をほぐしていたのです。

気持ちが弱る日も、強くなる日もありました。誰かが解放されると僕たちは大いに感謝しました。でも、もちろん、自分たちも自由になることを切望しました。僕たちはお互いに励まし合い、力を分かち合いました。今は食事の事情が日々よくなっています。お茶を飲み、ときにはコーヒーも飲みます。去年減った体重が元に戻りました。

弟たちや妹たちのことも何度も考えます。暗がりのなかでマイケルとオオカミ人間ごっこをしたことや、ほかにもたくさん冒険をしたことを思い出します。キッチンカウンターの周りでマティやTと追いかけっこをしたことも懐かしいです。兄弟のことを考えると、僕は幸せになります。僕の銀行口座に残金があったら、マイケルとマシューに譲りたいと思います。マイケル、僕はきみをとても誇りに思う。そして、幸せな子供時代の思い出をつくってくれたことに感謝している。クリスティと一緒に、大人になってからの幸せな思い出をつくってくれたことにも感謝している。

それから、ビッグ・ジョン、君とクレスがいるドイツを訪問したときはとても楽しかった。僕を歓迎してくれてありがとう。ロロのことをたくさん考え、ジャックはどんなふうだろうと想像してみる。性格がロロに似ているといいなと思う。

それから、マーク、君のことをとても誇りに思っているよ。西海岸にいる君のことを思い、今もスノーボードやキャンプをしていたらいいなと思っている。僕は君とボストンのコメディクラブに行ったこと、その後、強くハグし合ったことを特によく覚えている。特別な思い出が僕に希望を持たせ続けてくれる。

キャティ、君のこともとても誇りに思っている。君は僕たちのなかで一番強く、一番優秀だ。僕は、看護師として懸命に働き、みんなを助けている君のことを思っている。僕が捕まる直前に君と連絡が取れてよかった。君の結婚式に出られることを祈っている。なんだか、おばあちゃんみたいな言い方だね！

おばあちゃん、お薬を飲んでください、散歩をしてください、ダンスを続けてください。国に戻ったら、あなたをマルガリータの店にお連れするつもりです。僕が人生をやり直すためにはあなたの助けが必要だから、ずっと丈夫でいてください。

# 第八章　アラン・ヘニングとデイヴィッド・ヘインズ

## アラン・ヘニング

「アランはとても温厚で私心のない人で、イギリスに家族とタクシー運転手の仕事を残したまま、シリアの人々を援助するために、イスラムの友人たちと共に、その地へ車を連ねて向かいました。

彼が捕まったのは、食料と水を必要とする人々のために救急車両を運転しているときでした。いかなる国であれ、アランのような人を死なせることに手を貸すなど、私には到底考えられません。

私はイスラム国（ＩＳＩＳ）とアランを捕えている人たちと連絡を取ろうしました。とても重要なメッセージを何度となく送ったにもかかわらず、返答がありません。アランを捕えている人たちが遅きに失する前に私のメッセージに答え、私にコンタクトしてくることを祈っています。私は懇願してやみません、イスラム国の人々がこのメッセージに耳を傾け、必ずや私の愛する夫アラン・ヘニング

を解放してくれることを」――アラン・ヘニングの妻、バーバラ・ヘニング

二〇一三年のボクシング・デイ（クリスマスの翌日、教会が貧者のために募ったプレゼントの箱＝ボックスを開ける日）、シリアに入国して三〇分、アラン・ヘニングはアル・ダーナの町の倉庫へ援助物資を下ろしているところを捕捉された。ヘニングを捕まえた連中が彼の情報を事前に得ていたかどうかは定かでない。悲劇的なのは、捕まった当初の彼は楽観的だったことだ。一緒に捕まったシリア人によると、ヘニングは援助団体の人間とわかれば解放されると信じていたという。しかし二〇一四年一〇月三日、彼はほかの人々と同じ運命をたどることになった――以下の声明を読まされた後、残虐な処刑で命を奪われたのである。

「私はアラン・ヘニングだ。我が国は国会でイスラム国を攻撃すると決議した。私は英国市民として、その決定の代償を支払わされることになるだろう」

## デイヴィッド・ヘインズ

デイヴィッド・ヘインズ（四四歳）は、二〇一三年三月アトメで誘拐された。フランスの人道支援組織ACTEDのスタッフとして働いていているときだった。彼は長年にわたって人道支援にかかわり、ユーゴスラビアやスーダンの紛争の犠牲者を援助するために活動してきた。これまで捕えられた人々と同じように、ヘインズも、車でシリアの地方からアレッポへ戻ろうとしているところを誘拐さ

れた。一台の車が近づいてきてタイヤを撃たれ、車から飛び出してきた覆面の男たちに取り囲まれた。連中は車のなかに西洋人がいると知っていたようだった。ヘインズはシリアにたった三日間いただけで、反政府軍に捕まり、その後ISISへ売られたのだった。

彼らはヘインズと彼の同僚のイタリア人モットカを車のトランクへ押し込めると、二人のシリア人はその場に置き去りにした。その二人から後にこの捕捉連行劇を聞くことができたのだが、それは数十秒の出来事だったという。ヘインズには四歳と一七歳の娘がいた。

ビデオ映像に以下のコメントが流されてから、彼は殺害された。

「キャメロン首相よ、ペシュメルガ（クルド自治区の治安部隊）に武力を与えてイスラム国を攻撃するというお前の公約の代償を、このイギリス人は支払うことになるだろう。皮肉にもこの男は、ペシュメルガに武器を供与するイギリス空軍で一〇年間も兵役についていた。お前たちはアメリカと悪魔の同盟を結んでイラクのイスラム同胞を攻撃し、最近はハディーサのダムを空爆し続けているが、それはお前たちの破滅を早めるだけだ。従順な子犬の役割を演じているキャメロンよ、それはお前とお前の国民を血塗られた勝ち目のない戦争へ引きずり込むだけだ」

# 第九章　アブドゥル・ラーマン・ピーター・カッシグ

アブドゥル・ラーマン・カッシグ（二六歳）はインディアナ州インディアナポリスでピーター・カッシグとして生まれた。彼は人道支援のためにシリアに向かい、そこで誘拐された。二〇一四年の一一月一六日に彼の死を伝えるビデオが流される前に、ほかの誘拐犠牲者と同じように恐怖の体験を味わわされている。イスラム教へ改宗したほか、イスラム世界からの度重なる抗議、ヌスラ戦線による仲介の申し出などもあったが、どんな努力も彼を救うことはできなかった。ＩＳＩＳはイスラム教徒であろうが何であろうが、アメリカ人を殺したかったということだろう。

カッシグは以前アメリカ陸軍のレンジャー部隊に属し、イラクに四カ月滞在した経験がある。彼は陸軍を退役してからレバノンに向かい難民の世話をしていた。彼は特別緊急救援組織（ＳＥＲＡ）と呼ばれる非政府組織をつくってシリアに対する援助を行い、何度もシリア国境を渡っていた。

二〇一三年一〇月一日にシリア北東部の都市デリゾールへ向かう途中で誘拐され、連れ込まれた部屋のなかでジョン・キャントリーとフランス人ジャーナリストのニコラ・エナンに出会う。そこで彼は自らイスラム教へ改宗する。拷問を受けながらも、彼は自分の両親宛ての手紙を届けることに成功し、それを両親が公開した。

「こんなことが起こるなんて本当に信じられないが、知っての通り事態は厳しいことになっています。我々外国人は一緒に捕えられているが、半分ぐらいの人は国に帰っています。私はこれがハッピーエンドで終わることを望んでいますが、それは最後の一瞬までわかりません。

もし最後の一瞬が来るのであれば、私がいなくなる前に言うべきことがいくつかあるのでそれを述べます。

何よりも最初に、ありがとうと言いたい。私の両親としてお父さんとお母さんが私のためにしてくれたこと全てに感謝したい。あなたたちが教えてくれたこと、見せてくれたこと、経験させてくれたことの全てに感謝したい。私のような息子を育てるためには、私には想像できないぐらいの強さと責任感が必要だったと思うけど、あなたたちの愛情と忍耐力にはただただ感謝するばかりです。

次に、私が今ここで経験していることを私から直接申し上げたほうがいいでしょう。そうすればあなたたちがいろいろ頭を巡らしたり詮索《せんさく》したりする必要がないでしょうし、そうした詮索は現実より悪いことを考えたりしますからね。

まあ、私は大丈夫だと言っておきましょう。肉体的には随分と痩《や》せたと思いますが、けっして飢えているわけではありませんし、怪我をしているわけでもありません。私はタフでまだ若いガキだから助かっているのでしょう。

精神的には、人間にとって一番過酷な経験をしているといえます。ストレスと恐怖は信じがたいほどですが、何とかコントロールできています。私は一人ぼっちではありません。私には友達がいて笑ったりチェスをしたり、頭を回転させておくために雑学クイズをしたり、故郷や愛する人たちに関する話や夢を語ったりしています。

知っての通り私は難しい人間です。私は激しやすくこらえ性のない人間です。それでも何とか抑えてやっています。最初の数カ月は本当に泣きましたが、今はそれほどでもありません。むしろ私はお父さんやお母さんや友達のことのほうが心配です。

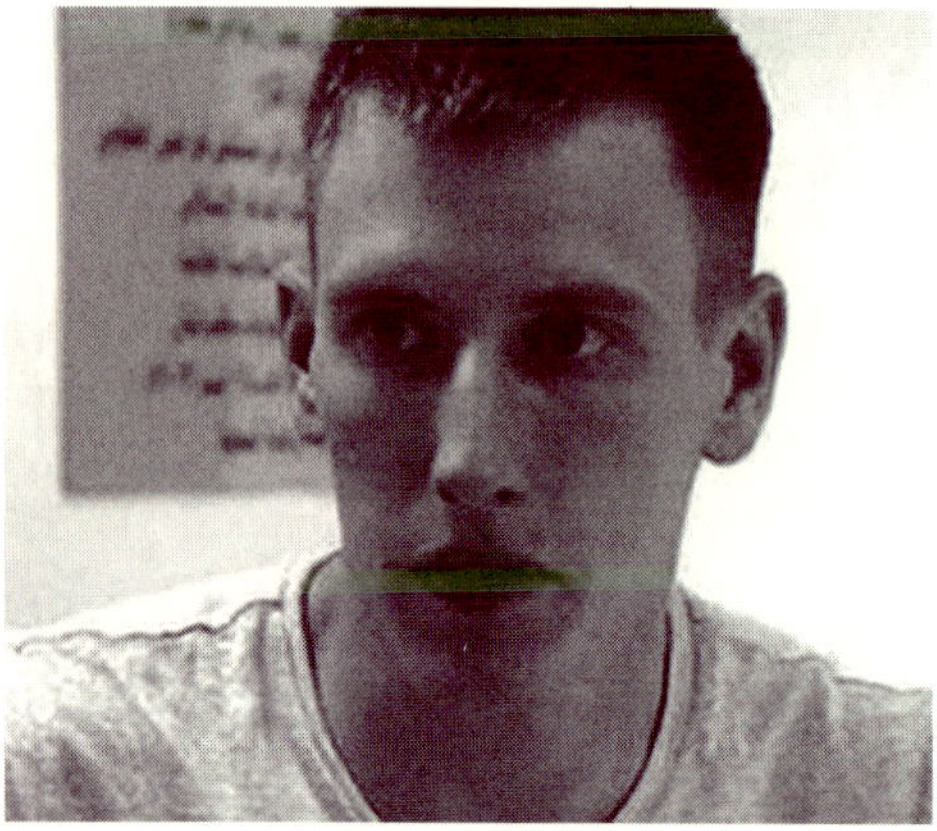

ピーター・カッシグ。2014年11月16日、ISISによって殺されたアメリカの人道支援活動家。©Photo by Sipa Press/REX

彼らは私に対して、あなたたちが私を捨てたとか気にも留めていないんだと言います。しかしもちろん、あなたたちができることの全て、あるいはそれ以上のことをやっていることを私は知っています。心配しないでください、お父さん。私が倒れることがあっても私は真実のみ思いながら倒れるでしょう。その真実とは、お父さんとお母さんが月や星よりも私を愛しているということです。

私は明らかに死を恐れていますが、もっとも耐えがたいことは、知ること、考えること、望むことができなくなること、そして、いったい私は望むことすらできないのだろうかと悩むことです。私は今回私に起こったことと、それゆえにあなたたちが故郷で経験していることを大変悲しく思います。もし私が死んだら、どうか私がこう考えたからだと思ってください。私が死ねば、息子の私は苦しみから自由になれるように旅立ったのだと。そう思えば、少なくとも私とお父さんとお母さんは安住の場を見つけられるから。

私は信念に誓って、毎日お祈りをしていますし、自分の置かれた状況に怒っているわけでもありません。私はここで教条的にややこしい立場にありますが、自分の信念に対し平穏な心でいます。

私はこの手紙が途切れることなく永遠に語り続けられたらいいなと考えています。でも私がいつもあなたたちと共にあることを知ってください。小川や湖や畑や川、林や山、あなたたちが私に見せてくれた全ての場所で。愛しています」

## ビデオ

ピーター・カッシグのビデオは私が唯一克明に調べたいと思った映像だ。なぜなら、それにはほかの人の場合と違って彼が殺戮される場面がないからだ。また同時にこのビデオは、ＩＳＩＳの報道班がどのように活動しているかがイメージできるという意味において、最初から最後まで象徴的なものであった。ビデオの大半はシリア軍人グループを殺す場面で、二二人の外国人戦闘員がそれぞれ一人ずつ処刑を行っている。カッシグの死体は最後の最後に出てくるだけである。

そのビデオでは、彼らが慎重に考え抜いて選んだ多くの象徴が見て取れる。ＩＳＩＳの戦闘員たちは皆、伝統的な軍の作業服を着ていて（襟がなく、イスラム風の効果を上げている）、あたかも彼らが血なまぐさいテロリスト集団ではなく、正統的なイスラム軍であるかのように見せかけている（彼らのプロパガンダでは、自分たちがよく訓練された戦闘員であることを見せようとする。実際そうかもしれないが）。

彼らが斬首したシリア兵は皆ひげを剃られているが、明らかに彼らが本来ひげを生やしていたことがわかる。これはおそらく、彼らがイスラム教徒ではなくただの敵国人のように見せるためにそうしたのではないだろうか。宗教的な敵というより戦場で相対した敵という感じが出るように。

イスラム世界からの多くの批判を受け、ＩＳＩＳはスンニ派がスンニ派を殺すような映像を出すことに注意深くなっているらしい。もちろん現実には毎日のように行われているが。その代わりに、彼らの新兵募集の映像では、スンニ対シーアの対立を声高に叫んでいる。

先の二二人の外国人戦闘員たちは、このビデオでは真っすぐカメラに向いている。ほかのビデオで見られたようなマスクで顔を隠すこともしていない。観ている人に挑戦するがごとく、あるいは西側諸国に対して捕えられるものなら捕えに来てみろと、明らかに挑発しているようだ。

もっとも特徴的なことはダビク郊外で撮られていることだ。ダビクは、コーランに記されるところでは、イスラムの軍隊と十字軍の最後の戦場となった町である。彼らは常にこのことを強調し、ここでこそ異教徒たちの血が流され、自分たちが西側諸国に勝利した地であると語っている。

では、なぜカッシグの殺害の場面がないのか。誰もが不思議に思うだろうが、彼がこのような宣伝

シリア・アレッポの破壊されたビルのなかでも人々の生活は営まれている。
©Photo courtesy of Rick Findler

用ビデオに使われるのをよしとしなかったのであろうと私は考える。彼はおそらく最後までアメリカ軍のレンジャー部隊員としての不屈の精神を見せたのではないだろうか。レンジャーのモットーがこれに妙に当てはまる。

「私はレンジャーに志願し、自分の仕事が危険であることを十分理解した上で、名誉と名声、そしてレンジャー部隊の崇高な精神を守ることに全力を注ぐ。

レンジャーが選りすぐられた兵隊であり陸海空のあらゆる戦場の最前線に立ち、我が国のため私はどの兵よりも遠くへ赴き、早く激しく戦うことを了解する。

仲間をけっして裏切らず、常に警戒を怠らず、体力を維持し、真っすぐな道徳心を持ち、自分の責任以上の重荷を背負い、何にではあれ一〇〇パーセント以上の力を発揮する。

私は自分が特別に選ばれて訓練された兵士であることを勇敢に示し、私の上官に対する儀礼を忘れず、衣服はきちんと着て、装備品の手入れはほかの者たちの手本となるようにする。

我が国の敵に対しては精力的に当たり、私はよりよく訓練された兵士として全力を尽くして戦場で敵を倒す。レンジャーの言葉に降伏はない。倒れた仲間を敵の手に渡すことはしないし、そのことによって自分の国を困惑させたりはしない。

レンジャーは目的のために不屈の精神で戦い、最後の一人になってもミッションを遂行するものなり」

# 第一〇章　スティーヴン・ソトゥロフ

スティーヴン・ソトゥロフ（三一歳）は、フロリダ州パインクレストで生まれた。「マイアミ出身のガッツのある哲学者」を自認し、いつも周囲をなごませていた。アニメ「サウスパーク」やジャンクフード、アメフトが好きだったと同時に、熱心な戦場カメラマンでもあり、イエメンからリビア、レバノンに至る地域を訪れ、何年か現地で暮らした。スティーヴンの死後、彼の母親はこう賛辞を呈している。「彼は優しい心の持ち主でした。この世から彼がいなくなっても、彼の精神は私たちの心の中に生き続けるでしょう」

スティーヴンはトルコの国境を越えてまもなく、にせの検問所を設置した男たちに捕まった。トルコのキリスを越えた国境は本物の幹線道路であり、あらゆる陣営がそこを監視していた。キリスのホテルは国境を越える旅の中間準備地点としてよく知られており、付近をぶらぶらしているジャーナリストは目をつけられ、追跡される可能性が高かった。目をつけられた場所がキリスでなかったら、彼は二〇一三年の八月初頭に国境の先まで進んでいたはずだった。

スティーヴンを捕えた男たちは彼がやってくるのを知っていて、シリアのアレッポに通じる道路で彼を待っていた。スティーヴンの友人で彼の家族のスポークスマンでもあるバラク・バーフィによると、穏健な反乱軍がスティーヴンの国境越えの詳細な情報を、二万五〇〇〇ドルから五万ドルでＩＳに売ったのだ。

スティーヴンはアレッポに連れていかれ、何カ所かに拘置された後、ほかの写真家たちと同じ監房に移された。捕われている間、ほかの人々は助かることを願ってイスラム教に改宗したが、彼はユダヤ教徒としての信念を曲げなかった。目撃者によると、彼はヨーム・キップール（ユダヤ教の大祭日）に仮病まで使い、食べ物をことわって断食をしたという。

二〇一四年九月二日に首をはねられる少し前、スティーヴンは両親宛の手紙をこっそり出すことができ、彼の葬儀でおばがそれを読み上げた。

「お願いだから、僕のことは心配しないでください。精一杯生き、幸せになってください。誰もが二つの命を持っています。二つ目の命は、命は一つしかないと気づいたときに始まります。僕はもうすぐあなたたちに会えることを願っています。もう二度と会えなかったら、神様が天国で僕たちをまた会わせてくれるでしょう」

スティーヴン・ソトゥロフ。ISISに虐殺されたアメリカ人ジャーナリスト（2014年8月4日）。©Photo by REX

## 救出作戦

二〇一四年七月四日、残っている人質の救出に特殊部隊が乗り出した。ある春の日、人質はISISの〝首都〟であるラッカに向けて移動させられ、彼らに対する危険が増していたからだ。

改良を加えた重装備のブラックホーク・ヘリコプターが、「ナイト・ストーカーズ」として知られる連隊から夜陰に乗じて飛び立ち、ラッカ付近の「オサマ・ビン・ラディン・キャンプ」として知られる敷地に舞い下りた。二十数名の特殊部隊員がパラシュートで降下し、固定翼機とヘリコプターの援護を同時に受けながらラッカに通じる道路を封鎖し、構内への攻撃を開始した。ISISの戦闘員が大挙してラッカから到着し、銃撃戦が三時間続いた。特殊部隊員一人が負傷し、ISISの戦闘員が五人ほど死んだ。RPG（携行型対戦車ロケット砲）が頭上のヘリコプターめがけて発射されたが、ほとんど被害を与えられなかった。その夜起きたことについてはよくわかっていないが、救出作戦は失敗した。人質が一人もいなかったのだ。彼らはラッカ市内の地下に掘られた一連のトンネルを移動させられたと見られている。

時が経つにつれて、ラッカでISISに捕われていた人質の数が減っていった。人質は、身代金を払って解放されたのだ。人質にとって、自分の所持するパスポートいかんで、そうした解放が行われるか否かが決まることが明らかになった。デーヴィッド・ヘインズが捕われたままでいる一方、彼と一緒に誘拐された仕事仲間が解放されたということは、状況は緊迫してきたということだ。

ＩＳＩＳの英字誌『ダビク』にはこう書かれている。「アメリカ政府がジェームズ・フォーリーの命を救うことをしぶり、ぐずぐずしているとき、ヨーロッパの囚人たちの政府が交渉を行い、イスラム国の要求が満たされた後、その国の囚人、十数人が解放された」。

諜報機関は、アメリカとイギリスが身代金の支払いを拒み続けているうちに時間切れになることを言明すべきだった。襲撃が小規模すぎるし遅すぎた、先に解放された人質から報告を受けていたのだからもっと早く行動できたはずだ、と言う人は大勢いる。ジム・フォーリーが働いていた『グローバル・ポスト』の社長兼編集長で、ジムを救おうと数百万ドル費やしたフィリップ・バルボーニは言った。「解放された人質の話から、ジムがどこにいるのかは正確にわかっていた」。

この襲撃の詳細は、ジム・フォーリーの死後、ようやく機密扱いから外された。

# 第一一章　惨殺されるキリスト教徒

「北部イラクで広範囲に行われている暴力は、善良な人たちの良心を目覚めさせた。我々は団結し暴力に怯える人々を守り、故郷を追われた人々をすぐにでも安全に自分の故郷や家に戻ることを可能にしてあげなければならない。我々は二〇世紀の悲劇的な経験から学び、人間の根源的な尊厳を守るという観点から、このような行為を止め、民族的かつ宗教的マイノリティーに対する、さらなる組織的暴力を阻止するための国際法の基準や、メカニズムを構築する合意形成が今こそ必要である」——ローマ教皇フランシスコの潘基文《パンギムン》国連事務総長宛てメッセージ

過去二〇〇〇年の歴史において初めて、世界でもっとも古いキリスト教徒の居住地からキリスト教徒がいなくなった。数えきれない数の政治体制、暴君が倒されたが、ＩＳＩＳのおぞましい恐怖政治は成功を収めたのだ。かつてニネヴェ平原に住んでいたキリスト教徒の多くは、悲惨な経験をしながら北へと逃げて行った。

ＩＳＩＳ支配の下、そこに残ったわずかなキリスト教徒たちは、過酷で生存さえも脅かされるような生活を強いられている。彼らは宗教的な建物の建設や補修も許されず（ほとんどの教会はＩＳＩＳがオフィスとして使っている）、いかなるところでも宗教的シンボルを見せることを禁じられ、イスラム教を冒瀆することは許されない。

私は北部、スレイマニヤの教会で、ある家族に会ったことがある。その教会の隅には七四歳の女性が差し込む日光を避けるように段ボールを日よけにして縮こまっていた。彼女の腰は抜け、ほとんど声もなく、そしてオムツを着けていた。

起き上がることさえできない彼女は、消え入るような声で自分の家族のモスルからの逃避行を語った。ＩＳＩＳのとどまることを知らない砲火で隣人たちが亡くなるなか、何とか生き延びて、ＩＳＩＳが町へなだれ込んできた際にモスルから逃げ延びたという。彼女は語った。

「私たちは家のすぐ近くで銃声を耳にし、テロリストたちがキリスト教徒を殺しているのを知った。それでも誰かが私たちを助け出してくれるのではないかと願っていた。私たちは家のなかで二日間息をひそめて助けを待っていたが、誰も来てくれないと知ってわずかばかりの衣類をかき集め、夜になって家を後にした。郊外にたどり着くまで、狭い路地を縫うように、背をかがめ、ときには這いながら逃げたが、もう捕えられるだろうと思っていた」

彼女は何とかカラコシというキリスト教徒の町まで逃げ延びることができた。しかし、そこも安全な場所ではなかった。この町の五万人の住人たちも、逃げ出さなければならなかったのである。彼女はアルビルへ逃れたが、そこで家族（八歳から七八歳までの六人）と共に路頭に迷ってしまった。

彼女らは数日間街をあてどなく回り、公園や道路で寝なければならなかった。さらに東へ逃げる道すがら、やっとの思いで教会を見つけたが、そこはすでに人々でいっぱいだった。

「どこへ行ってもキリスト教徒たちであふれていた。どこの公園でも軒下でも何も持たず行く先もない人々ばかりだった。それでも私たちはここに来られて安全なだけでも幸運だと思っている」

こんなことが失意にある人々が味わう幸運というものであり、全てを失った人々の勇気とはこんなにも慎ましいものなのだろうか。

我々が話を聞いた多くのキリスト教徒の避難民たちは、いろいろな人々から与えられた小さな助けにもただただ感謝の気持ちを述べ、苦しみに口をつぐみながら生きていることだけで幸せと感じている。

彼ら、彼女らの忍耐強さは、長年にわたる迫害により身に付いたものだ。彼らの多くにとって逃げることはこれが最初ではない。実際、過去何十年にもわたって、最初はサダム・フセインに、その後は聖戦《ジハード》を引き継ぎ続ける者たちによって迫害されてきたのである。

キリスト教徒の子供たちの多くは本当の家に住んだことはなく、世間から放っておかれながら移動し続けている。

一〇歳になるオーズという少年に、私が「家に帰りたいか」と聞いたところ、彼は正教の十字架を誇らしげに引っ張り出しながら私を見つめて静かに言った。「ここのほうがいいさ」。数百人の避難民と共に、一〇平米（約六畳）にも満たない部屋で一三人が寝るような状況にあるのに、彼はこう断言したのだ。

オーズの父親は八年前、彼らが町を逃げ出す際に聖戦を叫ぶ軍に殺された。そして彼は今再び逃避している。少年は私に逃避する理由をこう語ってくれた。「今度は砲弾がとても近くで破裂し、窓はことごとく吹っ飛び、多くの人が死んだからさ」

少年の母親は、報復を恐れて名前を明かさなかったが、私にこう言った。新しい村で家を買うために数年間一生懸命お金を貯めていたが、また突然、全てを失った。家を出る前に家中をきれいに掃除し、いつの日かそこに戻れるようにしてきたと。

キリスト教徒の多く住んでいる地域では、ISISはキリスト教徒の家に、イスラム用語でクリスチャンを意味するナザレ（Ｎａｓａｒｅ）のＮの文字を記している。

ISISはイスラム教徒への改宗か、キリスト教徒でいたければ毎月四五〇ドルの税を払えと要求するが、ほかの町からの報告によると、そんなことで身分が保障されるわけではなさそうだ。シリアの国境一帯のいたるところで、ISISは「異教徒のキリスト教徒」を処刑している。

また、キリスト教徒に改宗を考えたことがあるかと問うと、彼らははっきりとノーと言う。「ムスリムになったほうが楽じゃないかという人もいるが、私にとって宗教が全てであり、なぜそれを捨てなければならないのか。そんなことをするなら死んだほうがましだ」。

先の少年の母同様多くの人がいまだ篤い信仰心を持っている。しかし、イラク北部ではキリスト教は絶滅寸前だ。アメリカの空爆に援護されたクルドのペシュメルガの明確な目標は、ニネヴェ平原を取り戻すことであり、それが実現することをキリスト教徒は祈っている。

「どうかここで起こっていることを世界は知ってほしい。世界の人々に伝えてほしい、我々はただ家に帰りたいだけだと」と彼らは我々に訴える。さらにこう続けた。「イスラム教徒は皆よい人たちで、近所の人たちは我々を助けてくれた。ＩＳＩＳが誰なのか、何を信仰しているのか知らないし、彼らが何を考えているのか想像さえつかない。私たちはただただ安全に暮らしたいだけなんだ」。

# 第一二章　セックス

イラクのアンバール州で見つかったなぐり書きのメモは、ＩＳＩＳの堕落ぶりと偽善を暴いている。そのメモには戦闘員たちの名前と並べて女性たちの名前が書いてあり、二人が一緒に寝る割り当て時間も書いてある。事実上、セックスのスケジュールだ。その資料は、敬虔《けいけん》とされている戦闘員の精神と完全に相容れないものだが、彼らはそれを正当化する方法を見つけた。

ＩＳＩＳの憲法一四条にはこう記されている。

「アッラーは慎み深さと貞節とゆるやかなガウンをまとうことを求めておられる。家から一歩も出ず、きちんとした部屋に居続け、必要なとき以外は外出しない。これが信徒の母であり品位ある女性伴侶の生き方である」と。しかしながら、彼らは非イスラム教徒を背教者とみなし、ヤジディ教はイスラム以前の宗教であり、聖なる書の教えに従わないので、ヤジディ教の女性には違うルールが適用されるとした。

セックスの相手は戦闘員のために自ら身を差し出す女性たちと、多くの場合、ＩＳＩＳに誘拐された女性たちの両方いた。資料には「兄弟たちの、女性イスラム戦士との結婚スケジュール」というタイトルが付けられている。だが資料の中のそれぞれの女性――アイシャ、マルワ、オム・ウマールは一日に三回結婚し、それぞれの結婚はわずか二時間しか続かなかった。

二〇一三年、サウジアラビアに本拠地を置く聖職者が、イスラムの教えに従った指令「ファトワー」を出し、女性が武装戦闘員に自らを差し出すことを呼びかけた。それが「婚姻聖戦《ジハード》」として知られる戦いに自ら参加する方法であると。

女性たちは、アメリカやイギリスを含む世界中の国からシリアに集められ、一〇〇人の戦闘員によって共有された後、国に戻される。チュニジアのある大臣が述べたように、「性的聖戦の名の下に行われた性的接触の果実を身ごもり」戻っていくのだ。

彼らはこの事態を、イスラム内の二つの結婚のタイプを理由に正当化している。一つは一般に知られている永久的な結婚であり、もう一つはムトアあるいはシーゲとして知られる期間限定の結婚だ。後者には最低限の時間の規定がない。

ＩＳＩＳに言わせれば、女性がこんなふうに自らを差し出せば、それは正当な聖戦なのだ。女性は、性の不満を持つ聖戦戦闘員が戦争に集中できるように、戦闘員同様、犠牲――この場合、女性の貞節と尊厳という犠牲――を払っていると見なされる。

しかし、ＩＳＩＳの支配地からは、ヘドが出るような話がたくさん聞こえてくる。そこでは女性や少女たちに選択の余地がない。ＩＳＩＳの戦闘員たちが、一緒に寝る女性を捜し回って町をうろつく様子をモスルのある住人が私に話してくれた。こうした場合、戦闘員たちは少女たちと三日間「結婚」

する。少女たちを囲い、レイプし終わったら離婚するのだ。

モスルの住人は言う。「連中はチームをつくって車で乗りつけ、家のドアをノックして回る。黒旗をなびかせ、武装した姿で未婚の女を全員出せと言う。チェチェンやチュニジアやアフガニスタンから来た外国人が多い。連中はそれが自分たちの権利だと思っているんだ」。

彼らは家から家へと回り、少女が一四歳になっているか、まだ結婚していないか質問する。少女たちは結婚していなければ、夫となる人物を見つけるまで、すなわちテロリストと結婚するまでに二四時間与えられる。政府の記録を利用して未婚者を捜し出してからイマーム（祈りの導師）を連れて戸口に現われ、今すぐ結婚するよう迫るケースもある。無論、少女たちに選択肢はない。

結婚するには、男は「俺はお前と結婚する」と三回言うだけでいい。その後、事が済んだら、「俺はお前と離婚する」と言うのだ。そんななか、抵抗した家族もいる。モスルのある父親は銃を持って家で待ち、妻を捜しているＩＳＩＳの戦闘員たちに発射した。戦闘員たちを撃ち殺し、家族と共に北部へ逃げたのだ。

ほかの家では、夜、彼らが近づいてくる音を聞いた少女が銃を持って待ち、発砲し、二人を殺した後、射殺された。少女やその家族が自らを救う道はほとんどなく、ＩＳＩＳにおおっぴらに反抗すれば、死や激しい迫害や首切りが待ち受けている。

こうした少女たちの屈辱感は大きく、多くが自殺したが、北部の難民キャンプに逃げた少女たちもいた。被害の事実が明るみに出るのは、どこも満員のこうした難民キャンプからだ。

## ヤジディ教徒

イラク北部、カーンケの広大な難民キャンプは、残虐なＩＳＩＳの話であふれている。カーンケは土地を追われた一万五〇〇〇人（これでも比較的少数）のイラク人の宿泊施設で、多くがヤジディ教徒であり、そのほとんどが家族の誰かを失っている。夏の間、カーンケは渇き切った不毛の砂漠で、家族は日々の水を分かち合うため揚水ポンプの周りに集まり、息苦しい暑さに包まれたオープンテントの下で眠る。冬のカーンケは寒くて湿気が多くぬかるんでいて、すべての難民の持ち物やテントに水が浸み込んでいく。

カーンケにいる家族の多くは、自分の恋人や子供たちをＩＳＩＳの性の奴隷にされて失い、男たちを無慈悲に殺されている。五〇〇〇人から七〇〇〇人の少女たちが、昔からヤジディ教徒の中核地域とされているシンジャール山周辺の村々から連れ出され、ほとんどがレイプされてからＩＳＩＳの年輩の戦闘員と無理やり結婚させられている。

ＩＳＩＳは、ヤジディ教徒の誘拐や殺害を自慢げに吹聴し、彼らを「戦利品」と見なしている。少女たちの五分の一は「税」としてＩＳＩＳに送られ、残りの少女たちは戦利品として戦闘員の間で分配されている。彼らの行為が、特にヤジディ教徒を標的にした「集団殺戮《ジェノサイド》」であることに疑問の余地はない。

ＩＳＩＳはイラクを猛攻しているとき、ヤジディ教徒の撲滅を優先事項とし、彼らの多くを虐殺した。生き残った人々はシンジャール山頂上の広大な平原に逃げたが、そこもＩＳＩＳの大軍に包囲されてしまう。人々はその場にたどり着くまで、炎天下、水も食べ物もほとんどない状態で何日も歩き続けていた。多くが途中で倒れ、ほかの家族を救うために、やむなく赤子を捨てたという悲劇的な話もあった。

難民がシンジャール山に集まったとき、小規模なクルド人部隊が三万人の難民を守ろうとしたが、ＩＳＩＳの大量虐殺に直面すると、彼らにできることはほとんどなかった。ヤジディ教徒は五〇キロ先の荒れ果てた山の頂上まで追い込まれ、もう後がなかった。やっとそのとき、最後の瞬間にアメリカが介入、生き残った人々を救うため飛行機を出動させ、水と食料の搬送を支援した。

シンジャール山を守る戦いはさらに世論をかき立て、ＩＳＩＳの異教徒浄化を明るみに出した。ＩＳＩＳに言わせれば、ヤジディ教徒は悪魔の崇拝者であり、彼らの虐殺は進んでやるべきことなのだ。ヤジディ教徒は民族的にはクルド人が多く、ヤジディ教は地域で最古の宗教の一つだが、教えの多くをゾロアスター教から取り入れている。彼らの宗教は口づてに伝えられ、すべての「聖なる書」が生まれる前からあった。ＩＳＩＳは聖書やコーランを持たない宗教全てを悪魔的とみなし、ヤジディ教徒は奴隷になるか殺されるべきだと本気で思っている。

キリスト教徒でさえ、もっと機会を与えられ、運がよければタクシー代を払って逃げることができる。ヤジディ教徒にはそんなチャンスがなく、ひところでは八〇万人いた世界中のヤジディ教徒が死の恐怖におびえていた。確かなのは、ヤジディ教徒の最古の居住地ニネヴェの平原には、いまやヤジディ教徒がほとんど住んでいないということだ。

## レンダの物語

二〇一四年八月のヤジディ教徒に対するＩＳＩＳの攻撃と、それに続く少女たちへの虐待事件は、脱出するか、家族に買い戻されるかした少女たちの口を通して、徐々に外の世界にも伝わった――どれも吐き気を催すような話ばかりだ。カーンケやドフクのような難民キャンプでは残虐な話がありすぎて、どれを語るべきなのかわからないし、全てを話すこともできない。それでも、私が聞いたなかで、ほかの多くの話によく似た話が一つある。それがレンダの物語だ。

レンダは村から逃げる途中で捕まり、家族の大半を失った多くの少女たちの一人だった。私は彼女をレンダと呼んでいるが、これは彼女の本名ではない。彼女は本名を使うことにひどく戸惑い、怯えている。本名を使えば、今もＩＳＩＳの支配下で生きている家族に危険が及ぶかもしれないし、家族に恥をかかせるかもしれないと恐れている。彼女は一六歳だ。

八月の半ば、ＩＳＩＳの戦闘員たちが村に近づいていると聞き、捕まったらどうなるかを耳にしていたレンダと家族（両親、妹、兄）はシンジャール山めざして北へ逃げた。それぞれ小さなバッグに数枚の服や写真と一緒に荷物を詰めた。家の車に急いで乗り、ほかのグループと一緒に出発し、隊列をつくって荒涼とした風景の中を進んだ。古ぼけた車で疾走していると、ＩＳＩＳの屈強なトラックの一隊が遠くから追ってくるのが見えた。トラックは、ゆっくりレンダ一家の車に追いつこうとしていた。

レンダの父は追いつかれまいとしたが、無駄だった。レンダの描写によると、車がぬかるみの道の上でバウンドし、レンダたちは車内で転がったり、天井に頭をぶつけたりしていた。ＩＳＩＳがさらに近づき、追いついてきた彼らを後部ウィンドウ越しに認め、レンダと妹は悲鳴を上げた。トラックのなかで叫ぶ戦闘員たちを見て指差したことをレンダは覚えている。ついに戦闘員たちが彼女たちの車の前に止まり、トラックから飛び出し、車を止めた。レンダたちは捕まった。

車から強引に降ろされ、砂漠の道の上で一列に並ばされた。ＩＳＩＳの戦闘員たちはレンダたちをまず宗教で分けた。スンニ派には進み続けることを許し、ヤジディ教徒はその場に足止めした。それから、年齢と性別で分けた。若い女性と少女たちはひとまとめにして片側に寄せられ、戦う年齢の男たちはその反対側に寄せられ、年輩の人々は三番目のグループに集められた。少女たちはトラックに積まれ、年輩の人々は進み続けることを許され、戦う年齢の男たちは射殺された。

レンダは妹と一緒に車で運ばれた。父と兄が殺され、今では母が一人きりだということを知っていた。人生が一変しようとしていた。彼女たちはシリアの国境方面に連れていかれ、大勢の少女たちと一緒にある建物に収容された。少女たちはさまざまな部屋に隔離されていたので、レンダはほかに何人いるのかまったく知らなかったが、先に捕まえられていた少女たちと話して、部屋がたくさんある廊下があり、それぞれの部屋に約二〇人いると知った。どうやら、ひところ彼女はモスルのバドウシュ刑務所に拘置されていたらしい。

彼女は二、三の違う建物に連れていかれた。なぜ自分が移されるのか、行き先はどこなのか、全くわからなかった。移動するたびに新しい少女たちと出会い、お互いに団結し、慰め合おうとした。レンダは、夜、お互いに抱き締め合い、年下の少女たちの気を静めようとしたという。ときどき戦闘員が少女たちに携帯電話を渡し、いま自分の身に起きていることを家族に話せと言った。両親と話している間にレイプされている少女たちもいたとのことだ。

ときに少女たちは、何日も続けて閉じ込められ、監房を出ることを許されなかった。レンダが連れていかれたいたるところで、レイプされている少女たちの声が聞こえた。彼女たちは行き当たりばったりに連れ出され、やがて戻ってくる。たいてい殴られ、泣いていた。少女たちは男たちのグループの間で引き回され、抵抗すると痛めつけられた――パンチを食らい、蹴られるのだ。戦闘員が大勢いる騒がしい部屋で輪の真ん中に置かれた。彼らは真ん中で縮こまっている少女たちを笑い、唾を吐きかけた。男たちはどっちを取って、どっちと結婚するかを決めるために少女たちを交換し合った。

レンダ自身は、抵抗したからレイプされていないと言う。これは、解放されたり、脱出したりした少女たちに共通することだ。彼女たちはほかの少女のレイプについては詳しく話すが、自分自身はレイプされていないと語る。そんなことは彼女自身や家族にとって恥であり、それを認める少女はほとんどいないのだ。レンダは自殺を考えたことは認めた。実際、自ら命を絶った少女はたくさんいる。

少女たちはいつも怯えていた。食事はたいてい日に一回で、しょっちゅう戦闘員たちにののしられた。彼らはそれをゲームと受け止めているようだった。レンダは、にぎわう「市場」に二、三回出されたが、あるとき何かの指導者とおぼしき年輩の男に買われた。それ以後、ほかの二人の少女と一緒にシリアに移された。田舎の大きな家に数週間囲われ、繰り返し殴られた。ほかの少女たちはその男と無理やり結婚させられたが、レンダは結婚しなかったと言う。しかし、奴隷として留め置かれていたようだ。ここでもまた彼女はレイプされなかったと語った。

　何週間か経ったとき、レンダは逃げ出すチャンスに恵まれた。家の警備はさほど厳重ではなく、多少は動き回ることができ、トイレに行くことは許されていた。ある夜遅く、二人の少女と窓から抜け出し、野原を走った。怖かったし、どこに行く当てもなかったが、一か八かやってみようと、一時間ほど離れたところにある農家のドアを叩いた。家に入れてくれた男はさほど優しくなかったが、助けてくれると言った。一人の少女の家族に電話をかけ、自由への段取りを整えてくれた。

　それでも、出発までに二週間ほどあった。男が要求した金額を家族がかき集めるまでの時間だったようだ。いくらだったのか私は知らないが、少女たちがこっそり戻されるには三〇〇〇ドルから一万五〇〇〇ドルかかると聞いたことがある。ある日、レンダたちは顔をヴェールで覆い、頭のてっぺんから足の先まで地域で好まれているイスラムの服装をし、出発した。国境付近で車を乗り換え、斡旋人に引き渡され、イラクまで戻された。レンダはようやく母と再会し、現在は二人の生活を再建しているところだが、父も兄も亡くなり妹はまだ行方不明で住む家もなしで、あるものと言ったら、お互いの存在だけだった。

　家族が娘を買い戻す段取りをつける仲介者がいる。仲介によって数百人が取り戻されたが、時間が経つにつれて、残された少女たちを見つけるのが難しくなるようだ。

　ＩＳＩＳは、女性に対するその嫌悪すべき扱いをおおっぴらにしている。特に二七〇〇人が連れ去られたと見られるヤジディ教徒の女性たちに対する扱いを。彼らの雑誌『ダビク』のある号に載った、「その時が来る前に奴隷制度の復活を」と題する記事のなかで、自分たちの行為を正当化している（「その時」とは審判の日をさす）。

「西側のサタンに心の弱い者が言葉でそそのかされる前に、クファール（不信心者）の家族を奴隷にし、女たちを妾《めかけ》として連れ去るのは、シャリーア（イスラム法）で確固として確立された見解である。それを否定し嘲《あざけ》ることは、コーランと預言者の言葉を否定し嘲ることに等しい」

虐待の話を聞くと吐き気を催すが、多くの場合、話は犠牲者自身の口から語られている。彼女たちは無理やり両親に電話をかけさせられ、繰り返し行われるレイプの様子を説明させられる。捕まったら、年齢と宗教によってグループ分けされ、その後、市場で売りに出される。目の色と顔立ちと年齢によって、二五ドルから一〇〇〇ドルで売られる。

ＩＳＩＳの雑誌はこう続けている。「捕獲後、ヤジディ教徒の女と子供はシャリーアに従ってシンジャール作戦に参加したイスラム国の戦闘員の間で分配される。五分の一の奴隷が『フムス』としてイスラム国当局に納められた後に」。フムスとは、聖戦戦闘員がカリフに納めるべき全ての戦利品の分け前で、いつも五分の一と決まっている。残りを彼らの間で分配するのだ。

少女たちは改宗するチャンスを与えられる。改宗すれば妻として売られた。改宗しなければ監視の厳しい狭い部屋に閉じ込められ、数知れない戦闘員たちにレイプされた。その部屋を地獄と表現した少女もいた。次から次へと戦闘員の〝食い物〟にされるために連れてこられる部屋だった。不愉快きわまりない話で、多くの少女が死ねばよかったと話している。「あいつらは私の体を殺し、今は私の魂を殺そうとしている」と一人の少女がパクシャン・ザンガナに言った。ザンガナは少女たちが行方不明になる前に買い戻そうとしているグループ「女性問題評議会」の代表者だ。「あいつらはみんな、私たちを殴った。でも、死ぬまで殴ってくれればよかったと思っている」と少女は続けた。

インターネット上に流れた嫌悪すべき携帯電話のビデオには、騒がしい部屋でリラックスし、笑い、これから行われる女性の〝販売会〟について冗談を言い、給料がいくら出るかを話す戦闘員たちが映っている——その日は戦闘員の給料日だった。


「今日は奴隷市の日だ」。一人がカメラに向かってにやりと笑った。

「俺のヤジディ女はどこにいる？」。もう一人が笑いながら言った。「いま一人探してるんだ。俺に自分の女を売りたいやつはいないか？」。

「いるぞ。拳銃と交換で売ってやる」と、もう一人が言った。

「俺は三〇〇ドル払う。でも、女の目がブルーだったら、もっと払ってもいい。一五歳だったら、チェックしないと。歯をチェックするんだ」。

少年がカメラを見上げた。「君もヤジディが欲しいか？」。クスクス笑って何度もうなずいた。「その女と何をするか知ってるか？」。

全員が笑った。


姦淫《かんいん》を許さなかった父親の前で、少女を石たたきの刑に処するビデオも流れた。胸が裂かれるようなそのビデオのなかで、ＩＳＩＳの戦闘員が少女に話しかけている。

「誰もお前に強制しなかった。だから、お前は神の法を受け入れ、神を受け入れ、神に従わなければならない。イスラムは神のご意志に従っている」。少女は刑を受け入れてから父親の方を向き、許しを求めた。その声は震え、泣いていた。父親は拒んだ。「俺の心が俺を許さない。俺はお前を許すことができない」。

それから少女はきつく縛られ、父の後から地面に掘られた穴に向かった。彼女は石打ちの刑に処されるまでその場に立っていたのだろう。ビデオは、石に囲まれ、ぐにゃりとした彼女の体を映して終わった。

## セックスのルール

二〇一四年一〇月、ＩＳＩＳは女性の虐待を正当化するための資料を発行し、女性にしていいこと、いけないことのガイドラインを示した。読むのはたやすくないが、すべての人に読まれるべきものだ。

「質問一　アル・サビとは何ですか？」

「アル・サビとは、イスラム教徒によって捕えられた女性です」

「質問二　アル・サビが許容されるのはなぜですか？」

「アル・サビが許容されるのは（すなわち、そうした女性を捕えても差し支えないのは）、彼女たちが不信心者だからです。捕えられ、イスラムの居住地に連れてこられた不信心者（の女たち）は、イマーム（導師）が彼女たちを（私たちに）分配した後なら、私たちにとって差し支えない存在なのです」

「質問三　不信心の女はすべて捕えていいのですか？」

「学者の間では、不信心の女を捕えても許容されるということに議論の余地はありません。キタビヤト（聖書を信じる者たち、すなわち、ユダヤ教徒やキリスト教徒の女）のような元からの不信心者（クフル・アスリ）や多神論の女がその代表です。しかしながら、背教者の女性を捕えることについては、学者の間で意見が分かれています。知識人のなかにはそれも許容されると考える人もいますが、大多数の意見はそれを禁じる方向に傾いており、私たち（ＩＳＩＳ）も大多数の意見を受け入れる方向に傾いています」

「質問四　女の捕虜と交わることは許容されますか？」

「女の捕虜と交わることは許容されます。全能の神アッラーはおっしゃいました。『信じる者は成功する』。妻や己の右手が所有するもの（捕虜や奴隷）を除けば、己の貞節を守る者はとがめられない（コーラン　23：5-6）」

「質問五　所有者となった直後に、女の捕虜と交わるのは許容されることですか？」

「女が処女なら、彼（女の主人）は女を所有した直後に交わることができます。しかしながら、もし処女でなければ、まず女の子宮を浄化しなければなりません」

「質問六　女の捕虜を売ることは許容されますか？」

「女の捕虜や奴隷を買うこと、売ること、贈り物にすることは許容されます。なぜなら、女たちは単なる資産であり、資産は（「ウンマ＝イスラム共同体」にいかなる損害も与えないかぎり）処分することが可能です」

「質問七　売り買いする行為によって、母親を子供から引き離すのは許容されますか？」

「（捕虜や奴隷を）買うこと、売ること、贈り物にすることによって母親を思春期前の子供から引き離すことは許容されません。（ただし）子供が成長しきっていれば、親子を引き離すことは許容されます」

「質問八　もし複数の男が女の捕虜一人を共同で買ったら、女はそれぞれの男にとって性的に許容される存在となりますか？」

「（もし主人が）女の捕虜を占有していなければ、女と交わることは禁じられています。女の捕虜をほかの人間と共同で所有しているときは、ほかの人間から売ってもらうか、譲ってもらうかするまでその女と交わってはいけません」

「質問九　女の捕虜が所有者の子を孕《はら》んだら、所有者は女を売ることができますか？」

「女が子の母になったら、所有者は女を売ることができません」

「質問一〇　もし主人が死んだら、主人の所有していた女の捕虜は法的にはどうなりますか？」

「女の捕虜は主人の資産の一部として分配されます。彼のほかの資産の全てが分配されるように。しかしながら、父（あるいは息子の一人）がすでにその女と交わっていたり、何人かが共同で女を受け継いだりした場合は、女は性交ではなく、奉仕することのみ許されます」

「質問一一　男は自分の妻の女奴隷と交わることができますか？」

「男は自分の妻の女奴隷と交わってはいけません。なぜなら、その奴隷の所有者はあくまでも妻だからです」

「質問一二　所有者の許可があれば、男は他者の女奴隷にキスしてもいいですか？」

「男は他者の女奴隷にキスしてはいけません。キスには快楽が伴い、男が奴隷を占有しているのでなければ、快楽は禁じられています」

「質問一三　思春期に達していない女奴隷と交わることは許容されますか？」

「もし女奴隷が性交に適していれば、思春期に達していない女奴隷とも交わることは許容されます。しかしながら、性交に適していなかったら、性交せずにその女と楽しめば十分です」

「質問一四　祈りの間、女奴隷の体のどの部分が隠されるべきですか？」

「（隠されるべき）体の部分は、祈りのとき以外（に隠されるべき部分）と同じで、頭、首、手、足以外のすべての部分が含まれます」

「質問一五　女奴隷はヒジャーブ（顔を隠すためのかぶり物）なしで外国の男たちと会ってもかまわないのですか？」

「女奴隷は、フィトナ（誘惑）が避けられるなら、頭、首、手、足をさらすことを許されています。しかし、フィトナがある場合、あるいはそれが生じる恐れがある場合、それ（こうした体の部分をさらすこと）は禁じられています」

「質問一六　奴隷を買うとき、姉妹二人を一緒に買うことはできますか？」

「姉妹二人、女奴隷とおば（父方）、女奴隷とおば（母方）を買うことは許容されます。しかし、性交の間、二人を同席させることはできません。そして、二人のうちのどちらかと性交している男は、もう一人と性交することができません。それを禁じるというのが一般的な（大多数の）意見です」

「質問一七　アル・アズルとは何ですか？」

「アル・アズルとは、女の外陰部に射精するのを控えること（すなわち膣外射精）です」

「質問一八　男はアル・アズル技法を女奴隷に使っていいのですか？」

「男は女奴隷と性交している間、女の同意があるなしにかかわらずアル・アズル（を用いること）が許されます」

「質問一九　女奴隷を叩くことは許容されますか？」

「『教育的殴打』の一形式として女奴隷を叩くことは許容されます。しかし、『破壊的殴打』は禁じられています。『満足感を得るための殴打』『拷問的殴打』、さらには『顔を殴打する』ことも禁じられています」

「質問二〇　女奴隷が主人から逃げたときの裁定は何ですか？」

「男の奴隷、あるいは女の奴隷が主人から逃げることはもっとも重大な罪です」

「質問二一　主人から逃げた女奴隷に下すべき現世的な処罰は何ですか？」

「その女（すなわち主人から逃げた女奴隷）は、アッラーのシャリーアによれば何の処罰も受けません。しかしながら、同じ境遇の女たちに逃亡するのを思い止まらせるといった形で非難されます」

「質問二二　イスラム教徒の女奴隷やキタビヤ（ユダヤ教徒やキリスト教徒の女奴隷）と結婚することは許容されますか？」

「独身の男がイスラム教徒や異教徒の女奴隷と結婚することは許容されていません。ただし、罪を犯すこと、すなわち邪淫の罪を犯すことを恐れている男を除いて」

「質問二三　ほかの誰かに所有されている女奴隷と結婚したら、女と交わることを許されるのは誰ですか?」

「主人は、誰かと結婚した女奴隷と交わることを禁じられています。主人は代わりに女奴隷の奉仕を受け、その夫が女奴隷と性的に楽しみます」

「質問二四　フードゥド（コーランの刑罰）は女奴隷に適用されますか?」

「もし女奴隷が彼女に対するハッド（コーランに規定された一刑罰）を必要とすることを犯したなら、ハッドが女に執行されます。しかしながら、ハッドは半減を受け入れるフードゥドの範囲内で半減されます」

「質問二五　女奴隷を解放することに対する報酬は何ですか?」

「気高いアッラーは、コーランのなかでおっしゃいました。『困難な道（地獄）を突破させてくれるものは何か?　それは奴隷を解放することである』と。そして、預言者ムハンマドは言いました。『信じる者を解放する者は誰でも、アッラーがその者の肉体のあらゆる器官を地獄の責苦から解放する』と」

# 第一三章　冷戦――サウジアラビア対イラン

そもそもシリア紛争とは何か、その原因は何なのか、ＩＳＩＳの台頭を招いた条件は何なのかを理解する前に、糸を引いている操り人形使いに注目しなければならない。他国に比べ突出しているのが、サウジアラビアとイランの二国の動きだ。結局これは、昔から続いている二つの敵同士の戦いであり、両者ともお互いの滅亡を狙っている。陰謀、スパイ活動、騙《だま》し合いという話なのだ。表面的には宗教をめぐる戦いだが、それは単にそれぞれの国民を鼓舞する口実として使われているにすぎない。実際は、それぞれの国が地域に影響力を及ぼすための権力争いなのだ。

サウジアラビアとイランの間で交わされている代理戦争――中東における主義《イデオロギー》分裂の核心――をもっともよく象徴する二人の人物がいる。一人は精力的なサウジアラビアの皇子バンダル・ビン・スルタン。歴代のアメリカ大統領と懇意にしている元駐米大使であり、最近までサウジアラビア情報庁の長官を務めていた。もう一人はカーセム・ソレイマニ。悪名高いイランのクッズ部隊――イラン・イスラム革命防衛隊の一部門――の謎に包まれた司令官であり、国外の特殊作戦の責任者でもある。

この二人は両方とも、シリア紛争の指導者だった。しかし、二〇一四年四月、バンダルはサウジアラビア情報庁長官の任を解かれた。これは、アブドゥラ国王がバンダルの方針に不満を持ち、サウジアラビアの政策が裏目に出たと思っている証拠だった。それと同時に、アヤトラ・アリ・ハメネイ（イランの最高指導者）がソレイマニを「生きる英雄」と称賛し、彼の写真が初めてイランのメディアに広く出回った。だが、こうした変化をもたらしたものは何だろうか？

当初、バンダル皇子が立てたサウジアラビアの方針は、シリアにおけるスンニ派の反対勢力全てに資金を提供することだった。バンダルは、ほかの「アラブの春」の独裁者同様、アサドもすぐに失脚し、サウジアラビアはイランに勝利する道を進んでいくと思っていた。最初のうちは、強硬路線論者に資金が渡っても、後で彼らを支配できると思っていたので問題ないと考えていた。

元サウジアラビア情報庁長官トゥルキ・アル・ファイサル皇子は、かつてこう語った。「我々は作戦を実行しなかったし、どうすべきかも知らなかった。知っているのは小切手の書き方だけだった」。これは、初期の方針がうまくいかず、その後はサウジアラビアが無意識のうちにＩＳＩＳの拡大に一役買っていたことを示している。

一方、ソレイマニはアサドとバグダッドを守るためにヒズボラを関与させることに成功し、防衛軍を組織する姿がダマスカスとバグダッドで頻繁に見られるようになった。ソレイマニはアサドがＩＳより大したことがないと見せる戦術の黒幕だと言われており、事実、アメリカはＩＳＩＳが出現してからまもなくひそかにアサドに協力し始め、ＩＳＩＳの標的になっている場所をアサドに教えた。そこを空爆しろというわけだ。ソレイマニの大手柄だった！　トルコはサウジアラビアや他の湾岸諸国と共に、アサドの排除というアメリカの優先事項が後退したことに腹を立て、その結果、さらに一方的な行動に乗り出した。

## バンダル皇子

バンダルとソレイマニのそれぞれの特性は、彼らの母国の外交政策をみごとに象徴している。バンダルは世界を漫遊する億万長者であり、歴代アメリカ大統領の親友、そして皇太子殿下スルタン・ビン・アブドラジズ・アル・サウド（二〇一一年一〇月死亡）の息子である。太い葉巻を吸い、仕立てのいいスーツを身に着け、史上最大の武器取引の段取りをつけた。NFLのダラスカウボーイズの試合をオーナーの隣に座って観戦し、図書館をいくつもつくり、「国王の特使にしてホワイトハウスの使い走り」として知られてきた。三〇年にわたり、アメリカにおけるサウジアラビア・ロビーの顔だった。レバノンでスンニ派民兵グループを組織し、シリアのスンニ派グループの支援に対し助言を与えたこともある。彼は結局、欧米の人々からはチャーミングな男と見られ、イランでは「テロリストの皇子」と見られている。サウジアラビアとアメリカの歴史的関係をみごとに体現している。

## ソレイマニ将軍

一方、ソレイマニはイラン東部の貧しい山岳地帯の村、ラボールで生まれ、少年時代は家族の借金

サウジアラビアのバンダル・ビン・スルタン皇子。駐米サウジアラビア大使を長年務め、情報庁長官として初期の対シリア政策を構築した。©Photo by Mark Reinstein/REX

カーセム・ソレイマニ。外国での特殊作戦に従事するイラン革命防衛隊・クッズ部隊の司令官。シリアにおけるイランの方針の立案者である。©Photo by AY-Collection/Sipa/REX

を返すために労働者として働いた。高校を終えると同時にイラン革命が始まり、共和国革命防衛隊に参加した。子供時代は、シーア派の伝道師のもとを訪れ、説教を聞いて過ごした。その後、多くの戦いに参加し、何度も負傷した後、自ら道を切り開き、クッズ部隊の司令官に上り詰めた。テヘランで質素な生活を送り、旧アメリカ大使館の敷地内にオフィスを持ち、午前四時には目覚める。そして、背中の痛みに苦しんでいるといわれている。

今日、元ＣＩＡの情報部員が言うように「彼は中東でもっとも有力なスパイで、誰も彼の消息を聞いたことがない」のだ。彼はタイからナイロビまでのいたるところから秘密の攻撃の段取りを整え、二〇一一年、駐米サウジアラビア大使（バンダルの後任）を暗殺するためにメキシコの麻薬組織を雇った。この計画は、ギャングの一員が覆面麻薬取締官だったために失敗した。以前アメリカで対タリバン戦争の際には国防総省と情報を共有したこともあったが、イランが悪の枢軸に含まれたことから、つかの間の共同作業に終わった。

こうした二人の特性は、それぞれの国の外交政策を如実に反映しているが、まず、サウジアラビアとイランの対立の中心に何があるのか理解する必要がある。結局、昔からある二国間の主義《イデオロギー》闘争の真っ只中から、そしてスンニ派とシーア派間の宗教的優位をめぐる争いからＩＳＩＳが生まれたからだ。ここでスンニ派とシーア派の違いに踏み入るつもりはないが、簡単に言えば、スンニ派は、宗教改革時代にカトリックがプロテスタントを異端とみなしたのと同様、シーア派を異端とみなしている。そして当時と同様、今も神の名の下に口にするのもはばかられることが行われていることを、我々は知っている。

## 歴史的違い

この数十年のサウジアラビアとイランの行動を理解するため、両国関係を冷戦状態だと想像してみよう。表向きは、二国とも平和だが、二国に挟まれた国々は動きが激しく不安定なチェス盤のようなものだ。どの国にもスンニ派とシーア派の国民がいて（多数派はスンニだが）、中央の数カ国、イラク、シリア、レバノン、バーレーンでは、それぞれの派がかなりの数を占めている。

だが、二〇世紀末の勢力範囲の移行により、この爆発寸前の対立がついに噴出した。二〇〇三年のサダム・フセイン政権の崩壊後、イランはイラク政府をうまくコントロールし（イラクは六〇％から七〇％がシーア派）、イラク国内に勢力圏を広げた。遠路はるばるテヘランからダマスカスとバグダッドを経由してレバノンのヒズボラまで、影響の弧を効果的にコントロールしていく。そうするなかでサウジアラビアの覇権《ヘゲモニー》を深刻に侵していった。

アメリカがタリバン――イランの宿敵だが、サウジアラビアの同盟者――をアフガニスタンから排除したとき、サウジアラビアの影響力はまた一つ打撃を受け、イランはさらに権力を求めだした。かつてはサウジアラビアの根底にあったアメリカとの関係が、オバマ政権下で冷えているという事実に照らして、サウジアラビアは大幅に攻撃的な外交政策を独自に打ち出し、独力で自国の利益を守るしかなくなったのだ。

そこで、反アサドの戦いを支援することでイランの影響力を押し戻すチャンスが訪れると、サウジアラビアは自ら事を運ぶことにした。

確かにシリア革命は圧政に対する国民の蜂起として始まったが、それはまもなく乗っ取られた。サウジアラビアが勢力の均衡を揺さぶることができるスンニ派のグループに重きを置き、武器と資金の提供をたちどころに決めたのだ。

サウジアラビアは、何十年も前から国内のワッハーブ派（コーランを厳守するスンニ派の一派）をコントロールしてきたように、彼らのこともコントロールできると思っていた。だが、それは間違いだとわかった。結局、聖戦論者《ジハード》とイスラム教徒の間には細い一本の線と広大なグレイゾーンがあり、このグレイゾーンを聖戦論者が奪い取ったのだ。

ＩＳＩＳが勢力を広げるに連れて、長年、イスラム教の指導部と不安定な関係を続けてきたサウド王家は国内的脅威を感じるようになった。国内の治安を憂慮するサウジアラビアは、シリアで市民が反政府活動にどんどん結集するのを見て、自国に戻ってくる戦闘員たちが首都のリヤドを不安定にするのではないかとますます心配になったのだ。事実、ＩＳＩＳがヨルダン国境に近づいてくると、脅威は増大した。

サウジアラビアはまた、アサドがイランとロシアから受ける支援と彼らが示す抵抗を過小評価していた。そんなわけで、ＩＳＩＳが大きくなるにつれ、バンダルの計画が裏目に出たことが明らかになっていったのだった。

## 両天秤策

サウジアラビアの両天秤策――聖戦戦士《ジハーディスト》を生み育てて地域紛争に影響力を行使するために海外へ送り出す――は今に始まったものではない。これまでサウジアラビアは、よその地域の紛争にかこつけて聖戦戦士たちを自国から体よく所払いにしてきた。ボスニアやチェチェンやアフガニスタンのような土地で、連中を嬉々として戦わせる以上の上策がほかにあるだろうか。

実際、スンニ派の聖戦への支援は、昔からこの国の基本政策だった。それは、サウジが大目に見てきたワッハーブ派の聖職者たちにも好評を博してきた。二〇〇九年、ウィキリークスがネットに配信した映像で、サウジアラビアは国内ではアルカイダの活動を弾圧しておきながら、海外では野放しにしていることが明らかにされた。

サウジアラビアのワッハーブ派は、王家が何十年にもわたってなんとか手なずけてきたものの、しっかり社会の中心に浸透している。彼らの主義主張はアルカイダときわめて似通っており、そのためにサウジは国際的な聖戦運動の故郷だとしばしば見られてきた。ワッハーブ派のモスクや学校や聖職者たちを援助することで、支配者層は贅沢三昧な暮らしとアメリカとの親密な関係に目をつむってもらってきたのである。

シリアのイスラム原理主義者（必ずしもＩＳＩＳでなくても、彼らの〝先輩たち〟でかまわない）を支援することで、サウジアラビアは二つの目的を果たせる――すなわち、一つはイランを叩くこと、もう一つは我こそイスラムの守護者であると脚光を浴びて、厄介な不満分子たちを慰撫《いぶ》できることである。

サウジの為政者たちは、まさかＩＳＩＳがこれほどまでに強大化するとは思ってもみなかった。それを自覚して、最前線の戦士たちへの支援について見直しを始めたが、多くの見るところそれは遅きに失していた。サウジアラビアはあまりにも長い間イランとの抗争にかまけ、彼らが生み育てた戦士たちを制御できなくなり、ついには彼らも予期しなかった化け物を創造してしまったのだ。

国王のアブドゥラ・ビン・アブドラジズは、国連で実に的を射た以下の演説を行った。

「このままほうっておくと、彼ら（ＩＳＩＳ）は一月のうちにヨーロッパへ、そしてもう一月すると次はアメリカに触手を伸ばすだろう……。この悪魔のテロリストたちに対しては、武力と大義とスピードをもって戦わねばならない」

その上でなお、彼らに対しては、注意を払い続けなければならないのだ。

## イラン

一方でイランは、宗派主義者（セクト主義）たちの活動に火をつけてきた。それゆえサウジアラビア同様に、ＩＳＩＳを生み育てたのはイランだといわれる。イランの究極の行動原理は、シリアにおける権益を守るためにあらゆる手を尽くすことにある。そのためにイラク上空を超えてアサドの武器庫へ補給を行って血塗られた政権を助け、彼に自国民の大量殺戮を続けさせているが、これによってイランに対する憎しみだけがひたすら増大しているにすぎない。

イランは、凄惨きわまりないシリアの内紛を煽《あお》ってダマスカスへの支配力を維持することには熱心だが、アサドを倒して伝統に根ざした政権をつくるつもりはない。それはダマスカスがイランにとっていかに重要かを示している証しでもある。すなわち、イランにとってはシリア南部が影響下にあれば、レバノンにおけるイランの〝代理人〟であるヒズボラへの重要な兵站を確保して、彼らに武器と資金を送り届けることができる。さらに、イスラエルがイランの核開発計画を破壊する脅威を抑止することもできる。つまり中東における支配力を確保できる要なのである。

だからこそイランはアサドを支えて内戦をエスカレートさせ、その結果、スンニ派の戦士たちを世界中から呼び寄せているのだ。聖戦を求める戦士たちは山ほどいる。イラクとアフガニスタンで内戦が収束すると、戦闘で鍛えられた彼らは次なる戦いが待ちきれない。いまやイスラムの旗の下、アフリカ大陸のマリからリビアまで彼らのネットワークは広がりを見せ、その独自な主義《イデオロギー》に基づく戦争は世界中で人々の心にも入り込みつつある。

一方でイランは、イラクでマリキ首相の権力を延命・固定化させ、民主主義の定着を失敗に終わらせたという罪も犯している。そのためオバマ大統領も、イランとの関係を改善しようとした際、この紛争全般にイランが関わっている役割――宗派主義の助長とアサド体制の容認・支援――にはあえて触れなかった。一部には、イランは自作自演劇が得意であり、バグダッドとダマスカスで（イラン国外で特殊任務につく）イラン革命防衛隊のソレイマニ司令官を定期的に見かけるのは、紛争に首を突っ込んでいる証拠だという指摘もある。

ＩＳＩＳにはＩＳＩＳなりの考えがあるとしても、現状ではサウジアラビアとイランのかかわりがきわめて重要であり、だから両者を厳しく追及しないかぎり問題の解決はない。まずイランにはアサドを退任させせトップをより交渉力のある人物に据え代えさせ、同じくサウジアラビアには暴動を煽り資金と戦闘員たちを送り込むことをやめさせなければならない。これは、長年敵対している両者に対して共に退けと求めているわけだが、残念ながらどちらも素直に言うことを聞くとは思えない。もしイランの指導層が崩壊すれば、我々は西側諸国のパートナーとなれるイランの人々と手を携えることができるだろうが、その可能性は乏しい。

反対に、ＩＳＩＳはサウジの王家の廃止を目標の一つに掲げているが、その実現はきわめて難しいだろう。まずはシリアとイラクで成果を挙げてから、はじめてサウジアラビアへ攻撃の刃を向けることができる。だがそうなったとしても、サウジアラビアは中東で最強の軍隊を持っており、ＩＳＩＳはあっさり撃退されるだろう。

したがって、ＩＳＩＳの連中はサウジアラビアと敵対するのではなく、あらゆるやり方で折り合いをつけようとするはずである。それによって彼らは〝代理人〟たちへの影響力を失うかもしれないが、サウジアラビアからも、さらにはシーア派のイスラム国家からも脅されることがなくなる——国民の多数がシーア派なのは、五七カ国のイスラム国家のうちわずか四カ国にすぎないのだから。

だが、そうなったからといって、ちょっとした脅威がきっかけで暴発が起きるのを抑え込むことは難しい。それは二〇一一年に、シーア派が多数を占めるバーレーンで起きた反政府騒乱を見れば明らかだろう。

## イランがＩＳＩＳを台頭させた？

もう一つこんな仮説がしばしば囁《ささや》かれる。先にも述べたが、ＩＳＩＳを台頭させたのはイランだというものだ。確かにイランはＩＳＩＳの台頭でさまざまなメリットを得てきた。同盟関係にあるアサドを弱体化させようという動きが収まる一方で、ＩＳＩＳと戦う西側諸国と手を結んで救世主として振る舞うこともできる。それは西側諸国を新たな中東紛争に巻き込むことになるのだが。

二〇一三年から二〇一四年にかけて、多くのシリアの反政府軍兵士たちからよく聞かされたものだ。アサドはイランの支援を受けているが、イラン空軍が空爆するのはもっぱら穏健派の自由シリア軍でＩＳＩＳへはめったにしない。一方、よく知られているように、シリア政府はＩＳＩＳの支配下にある油田から石油を買っており、それが憎むべき敵の懐を肥やすことになっていると。

ＩＳＩＳはこうしたことにも助けられて強大化するにつれ、アサド政権への圧力を減じながら「不《ふ》倶戴天《ぐたいてん》の敵」という看板を引き継いだのである。その証拠に、二〇一四年六月以降、アサドと反乱軍との戦闘報道はウソのように激減して忘却の彼方へ押しやられ、その代わりにマスコミの関心は世界各地での聖戦兵士たちの脅威へと移り、気がつくと西側諸国はアサドと手を結ぶ羽目になっていたのである。アメリカとアサドとの間には、かなりの交渉事がされていると見ていい。特に、シリア領空を使ってＩＳＩＳを叩く共同作戦については、シリアとロシアの間で結ばれているＳＡ80防空システムに対しても複雑な影響を与えることになるだろう。

イランはアサドへの圧力を減らす一方、アメリカへ便宜を供与することでアメリカの受けをよくした。すなわち二〇一二年の初頭から、北ではクルド軍を支援、南ではバグダッドを防衛、そしてアメルリの町では、アメリカ軍と共にＩＳＩＳを叩いたのである（アメリカ空軍の支援を受けてイランは地上戦を展開した）。

ＩＳＩＳのおかげで、イランはアメリカと核開発をめぐる交渉を進められるとの指摘もある。さらにこんな憶測も飛んでいる。もしイランがＩＳＩＳと本気で戦ってみせれば、イランからすると弱腰で道義心に欠け、バグダッドの戦闘を終わらせる気がないように見えるアメリカの態度を変えられるかもしれない、と。

したがって、ある意味でイランはＩＳＩＳの台頭によって究極の利益を得ているといえる。イランにとってはシリア北部国境地帯への支配力を失うのはかまわないが、バグダッドとダマスカスはそうはいかない。それらへの影響力を失うとヒズボラを失うことになり、イスラエルを封じ込めることができなくなるからだ。

将来アメリカとイランの同盟の可能性はあるかと問われれば、私はこう答えようと思う。サウジアラビアでは、悪辣なワッハーブ派の聖職者たちが内部に巣食っていたが、アメリカのリーダーシップによって、西側のためというよりも当のサウジのために、彼らは政権から厳しく遠ざけられている。

しかし、イランとなると真逆だ。悪辣なリーダーシップを発揮して、世界中を相手に陰謀を巡らし、アサドのような独裁者たちを支援し、人民を隷属させている。一方で、イラン人の多くは西側陣営に親近感を抱いている。私はイランを数えきれないほど訪れているが、彼らはアメリカが大好きである。

友好的で実利的で自由を求めている。この国の多数派を占めるシーア派イスラムは、スンニ派とは違って、聖戦を唱えたりはしない。イランにおける我々の敵は、政権であって国民ではないのだ。

# 第一四章　カタールとクウェートの聖戦《ジハード》支援

## カタールの野望と真の狙い

「他国からはどんな影響も受けない――これぞカタール政府の唯一無二の外交方針であり、我々が誇りとするものだ」――カタールの実業家・王族シェイク・アル・タニ

シリアでの「聖戦《ジハード》」にますます歯止めが効かなくなっている原因をつくっているのは、サウジアラビアとイランだけではない。サウジ政府は、国内に不安定要素を抱えており、それが一層大きくなることを懸念し始めている。それに対して、カタールはというと、人種や宗教もさほど入り組んでおらず、中東の将来に対しても周辺諸国とは異なった見通しを持っており、これまで周囲とはあまり協調的ではなかった。

サウジアラビアと違って、ＩＳＩＳへの資金の流れを押さえ込んだりもせず、中東では唯我独尊の立場をとってきた。いってみれば、それがカタールの外交政策であり、それ故アメリカとの関係も悪化させてきた。中東諸国との関係も芳しくなく、二〇一四年三月には、サウジアラビア、バーレーン、アラブ首長国連邦が大使をカタールから引き揚げる事態にまでなっていた。

ここ一〇年来、カタールは世界の新たなる権力者として君臨しようと、持てる無限に近い富を文化やメディアに投資、また西側諸国の企業やサッカーチーム、さらには政治家へ注ぎ込んでいる。そのおこぼれを期待して、首都ドーハには、世界中の紛争地域から〝仲介代理人《ミドルマン》〟たちが集まってきた。金ピカの高級ホテルは、ハマスの指導者のハーリド・マシャアル、ダルフール（スーダン西部）の反乱軍兵士、タリバンの指導者たち、ＩＳＩＳと戦っている元サダム・フセインの将軍たち、そしてシリアの反政府軍の指導者たちの根城になった。

多くの過激派組織は、カタール政府と緊密な関係を築き上げている。ちなみにヌスラ戦線に囚われていたアメリカ人ジャーナリストのピーター・テオ・カーティスが釈放されたのにも（二〇一四年八月二四日）、またゴラン高原で人質になったフィジーの兵士たち四五人が二〇〇〇万ドルの身代金で釈放されたのにも（二〇一四年九月）、カタールの〝仲介代理人〟がかかわっていた。また、（キューバのグアンタナモ捕虜収容所に収監されていた）五人のタリバン幹部をアメリカ軍軍曹ボウ・バーグダールと交換する（二〇一四年五月三一日）という物議をかもした交換劇にも、カタールが仲介役を果たしていた。そのタリバンは、今もドーハに大使館を置いている。

カタール王家はアルカイダとも深くて多岐にわたる関係を持ち、ビン・ラディンが何度となく彼らに招かれて歓待を受けたことはよく知られている。九・一一テロを立案・指導したとされるハーリド・シェイク・ムハンマドは、カタールの宗務大臣であるアブドラ・ビン・ハリド・アル・タニの農園に住んでいた。アル・タニはムハンマドのボスニアでの戦いに資金を出し、アルカイダの指導者ザワヒリに隠れ家を提供している。

カタールの外交方針の根幹にあるのは、サウジアラビアを中東におけるスンニ派の唯一の権力者にはさせない、そのためにはさらに攻撃的な外交政策に踏み込むことも辞さない、というものだ。カタールの長期的な戦略とは、サウジアラビアやそれ以外のスンニ派君主国が恐れている中東の政治的イスラム化の実現であり、カタールは、しばらく前からこの馬にまたがって突き進むのをやめる気配がない。

一方で彼らは西側諸国にも媚《こび》を売って、しっかりリスクヘッジを取っている。アメリカはカタールのアル・ウデイドに広大な空軍基地の提供を受け、そこからシリアへの特務飛行を繰り返している。カタールは有志連合に参加しＩＳＩＳへの攻撃をするものと見られているが——カタール空軍が実際にＩＳＩＳの火砲陣地を空爆した気配はない。その一方で、カタール国内のいたるところに今も仲介代理人たちがいて、カタール政府が指弾しているはずのＩＳＩＳの下部組織に資金を流している。つまりこれまでのところカタールは、西側諸国と、将来は中東の主流となるとカタールが考えるサラフィー派（イスラム純化主義）の両者にいい顔をしていることになる。しかし、最近になってアメリカは、こうしたカタールの姿勢に警戒を強めている。

サラフィー派とは純化（原理）主義と政治主義を併せ持ったイスラムの一派である。カタール国民のほぼ半数がその信者で、カタール政府は数十年前からシンクタンクや大学に資金援助をして、サラフィー派の主義主張の布教に努めてきた。もし将来、この主義主張《イデオロギー》が中東で唯一の精神的柱となったら、カタールは権力の中心地となるだろう。

カタールの外交政策を理解するには、リビアとエジプトの紛争へのかかわりにも目を向ける必要がある。エジプトでは、カタールはムスリム同胞団に資金援助をしてきた。モルシに五〇億ドルを一括供与して、エジプト経済と選挙で選ばれたできたての政権を支えようとしたが、これは、ムスリム同胞団とその政治主義を脅威と感じるサウジアラビアをはじめとする湾岸諸国を激怒させた。

しかし、カタールはそれこそが中東の政治の未来であると信じて、賭けに出たのだった。だが、ほどなくシシ将軍が軍部の力を借りてモルシを放逐、他の湾岸諸国から総額で一二〇億ドルの援助を受けるや、エジプト当局はただちに、カタールが経営するテレビネットワークのアルジャジーラの三人のジャーナリストを不当逮捕した。本書執筆時点でも彼らは獄につながれている（二〇一五年二月一日、記者の一人が解放され、二人はまだ裁判中）。

## リビアとシリアでの暗躍

カタールが紛争で大きな役割を演じた最初の舞台はリビアだったが、それは無謀かつ恣意《しい》的なものであった。カタールの目的は、できるだけ多くのスンニ派グループを武装させてカダフィを降参させることにあり、そのために数千万ドルものカネと、なんと二万トンもの武器を注ぎ込んだのである。

カタールはアメリカ主導の空爆に参加するだけではなく、さまざまな地上軍部隊に資金提供して、紛争終息後に彼らと友好的なネットワークをつくろうとした。この作戦は当初はうまくいったが、カダフィが殺害された二〇一一年秋以降は、無数の民兵グループがより大きな存在感を示そうと互いに激しく角を突き合わせるようになり、現在のような解決不能な混迷の極みに立ち至ってしまった。そんな事態になりながらも、どのグループもカタールに感謝の意を表し続けている。

カタールの対シリア政策も全く同じである。カタールへ逃げ込んできたシリア人を次々と籠絡《ろうらく》し、彼らを使ってシリアにネットワークを築き、援助資金を流し込んできた。当初、援助先は厖大《ぼうだい》な数にのぼった。彼らは、必要なものがあれば明細リストを提出しさえすれば好きなだけ手に入れることができた。アメリカも、二〇一二年の初期までは、こうしたカタールのやり方はアサドを早く倒すことにつながる、紛争を泥沼化させずにアサドを打倒する最短の道であるとの考えから、容認・推奨してきた――つまるところ、この時点ではＩＳＩＳが台頭してくる脅威を予期する者など誰もおらず、またカタールにとっても過激すぎる存在となるＩＳＩＳに、カタール自身が直接資金援助をしている証拠もなかったからである。

しかし、ＩＳＩＳが拡大できた一因は、カタールから過激派グループへ流れた資金がさらにＩＳＩＳへ還流したからだった。その過激派とは、ほぼ同時期に誕生したヌスラ戦線とアーラル・アル・シャムである。両者は、シリア地域では主義主張《イデオロギー》がもっとも似通っており、どちらもアルカイダとカタールにつながりを持つ。実際、私が本書を執筆している時点でも、カタールの聖職者たちは両グループに対する支援をソーシャルメディアを通じて表明し続けている。

もう一つ、カタールとその他の湾岸諸国による資金援助がもたらした予期せぬ結果がある。それは彼らが支援した過激派グループの一部からの反発だ。カタールはできるだけ多くの連中に資金を提供し、彼らが支配権を握るための戦闘へと巧みに駆り立てた。どのグループが勝ち残っても、そこと良好な関係を持てると考えてのことだったが、それは、多くの戦闘員に聖戦が湾岸諸国のカネで汚されているとの疑念を生じさせ、結果、彼らの多くをＩＳＩＳへと追いやることになった。その傾向は純粋で真面目なグループほど強い。

一方、戦闘員のなかには援助資金でたちどころに腐敗し、金をもらって資産家に成り上がる者もいた。本来必要とされる金額を何度も請求することで、何倍にも膨らませて余った金を懐に入れる。あるいは戦闘員の数を水増しして、シリアでの戦闘で主役を演じたいカタールのスポンサーたちをいとも簡単に籠絡したのである。

## クウェートの大金持ちによる〝投資〟

「クウェートはシリアのテロリストたちの資金調達の中心地になっている」——アメリカ財務省次官デイヴィッド・Ｓ・コーエン

クウェートはシリアの反政府グループに資金援助をした最初の国と見られている。古くから寄付と資金援助に寛容な法律を持ち、国民の多くがサラフィー派（イスラム純化主義）であることが、この国の問題の一つとされてきた。クウェートは資金調達には打ってつけの国である。寄付行為については政府による認可が必要なほかの湾岸諸国と違って、クウェートではそれはなく、宗教上の寄付（実際は聖戦のためだが）は大いに推奨されているのだ。

クウェートの法務・イスラム宗務・寄付金担当大臣だったナーイフ・アル・アジュミーは、聖戦の宣伝を買って出た経歴の持ち主で、ヌスラ戦線のための資金援助ポスターに登場したこともある。

クウェートにはおよそ一〇万人にのぼるシリアからの（スンニ派とシーア派両方の）難民がおり、信仰心は篤い。したがってかなり早い時期から、ソーシャルメディア、テレビ、ラジオなどを通じて、戦闘への援助を募る宣伝がさかんに行われてきた。ここクウェートでは当然のことながら、支援すべき兵士たちはスンニ派であり、弾劾すべきはシーア派とアラウィー派の抑圧者である。これまでに高位の聖職者たちがテレビに登場して訴え、集まった数億ドルの寄付が仲介者を通してシリアへと送られたと思われる。

こうした寄付金は当初は救援のためにシリアに送られていたが、二〇一一年の末になって、多くの支援者たちはもっと援助が必要だと考え、戦闘グループへの資金投入を始めた。これによって資金提供者たちはより大きな政治的役割を持つようになり、なかには戦闘のやり方にも口を出し、戦闘グループを束ねようとしたり、あるいは攻撃対象を指定したりする者さえ現れた。

戦闘が激しくなるにつれ、支援も巨額になり、月に数十万ドルの資金援助を得るグループも出てきた。しかし、こうした資金援助の増加によって、現地での戦闘も変わってしまったのだ。

ほかの援助国もそうだが、クウェートでも資金援助のスタイルに一種の進化が起きた。シリアで内戦が始まった当初は、すべての国民が財布をはたき、なかには宝石を援助金代わりに供出する人もいた。その受け皿として、クウェート市内には各戦闘グループの出先事務所が立ち並び、集めた援助金で戦闘員のための特別装備品を買い求める――例えばRPG（携行型対戦車ロケット砲）を八〇〇ドルで購入するなどして、互いに競い合って資金調達にやっきになっていた。ところが時が経つにつれ、グループ間で内紛が起き、資金提供者の多くを失望させた――同じスンニ派同士なのに内ゲバをしているグループに金を出して何になるのか、と。

こうして草の根の資金提供者たちは徐々に去っていき、いまだに残っているのは、この紛争に物申すことがある大金持ちで社会的影響力を持つ狂信者だけである。彼らは私財を交渉の道具として、中東での紛争の在り方を変えようとしている。

彼らの頭のなかにはこんな策もある。私財を注ぎ込むのはアサドをなき者にするだけではない。シリアにスンニ派の国家を打ち建て、新しい政府によって中東全体を再編する。そのための次のターゲットは、ヒズボラ（レバノンのシーア派系イスラム原理主義政党）とイランである、と。だとすれば、こうした人々はけっして資金援助はやめないだろう――彼らが信じる宗教への〝投資〟と考えているからだ。

# 第一五章　首切り処刑

「私はこのおぞましい運動を『イスラム国』と呼ぶことを断固拒絶する。なぜなら、それは国家などではなく死の狂信集団《カルト》だからだ」――オーストラリア首相トニー・アボット

ＩＳＩＳの〝首都〟ラッカでは、処刑は日常生活の一部にすぎない。住民にとっては集会の一つであり、戦闘員たちにとっては任務の一環であり、全ての人々にとっては絶えざる威嚇《いかく》である。長刀を打ち下ろされ、なまくらな小刀で切り付けられ、はりつけにされて、何日間もさらされる――これはすべて住民たちに恐怖を植え付けるためである。

群衆の前で犠牲者の名前と罪状が呼び上げられる。いわく「アブドゥラ・ハッサン、飲酒。アリ・アンドーメ、神《アッラー》への冒瀆《ぼうとく》。フェラス・アルリシ、盗み」。そして、男どもが引き出されると、それを取り囲んだ群衆が叫びだす。「アッラー・アクバル、アッラー・アクバル（神は偉大なり）」。犠牲者

たちを取り囲む輪が縮まっていき、そのなかで彼らは多くの場合目隠しをされ、待ち受ける運命を甘受してか、頭を垂れたままだ。

事前にポスターで処刑の日程が告知され、住民たちに対して町の広場へ呼び出しがかかる。たいがいは一〇〇〇人程度の集まりで、住民たちは首を伸ばしてビューポイントを求めて人の輪に沿ってぐるぐる駆け回る。

やがて処刑された胴体と頭が、かつてハーフィズ・アル・アサド（現アサド大統領の父親）の銅像が立っていた辺りに投げ出され、血なまぐさい熱気が高まると、群衆は街灯によじのぼり、子供たちは前列へ押し出され、女性たちでさえ見物人となって喝采の声を上げるのだ。

犠牲者たちは監獄から連れてこられる。そこではＩＳＩＳのメンバーが次に処刑するのは誰にしようと品定めに余念がない。処刑すると決した相手に連中が告げるせりふは「神のそばに連れていってやる」だ。そんな犠牲者のなかにはわずか一三歳の子供もいる。

住民たちは喜んで処刑を見物するものとされていて、もし何回も行かなかったりすると、ある日ドアがノックされ戦闘員から厳しい説教を受けて、おそらく数日間監獄へぶち込まれ、その先むち打ち刑に処されるかどうかは神のみぞ知る、だ。というわけで処刑見物は日常茶飯、生活の一部になっている。

金曜日の礼拝を怠ると確実に監獄送りになる。タバコを喫ったらむち打ち刑で、神を侮辱したら間違いなく死が待っている。処刑後、死体は繰り返し後頭部を蹴られながら道の脇へよけられる。血糊が市場の舗道に染み入り、道路と広場の塵芥《ちりあくた》に混じって生活臭の一部となる。処刑された亡骸は、見

クルドのペシュメルガ兵に連行されるISISの捕虜を撮った貴重な写真。イラク北部のカナキンにて（2014年6月）。Photo courtesy by Rick Findler

せしめとして、その首に脅し文句が記された札をつけられて吊るされる。それを見て人々は、ひたすら忍従の暮らしを送ることになるのだ。

こうしたやり口の狙いは、人々にシャリーア（イスラム法）を遵守《じゅんしゅ》させ、畏怖させることにある。ISISがどれほど支配地域を拡大しようとも、彼らはそのシステムを維持しなければならない。制圧と統治は別物、これが基準となり続けるだろう。そうしたことを彼らは熟知しているからこそ、支配地域の住民たちを畏怖させるためにあらゆることをしてきたのであり、首切り処刑はそのための必需品なのである。

# 第一六章　集金システム

アメリカの諜報機関は二〇一四年六月にアブ・ハザールを捕えたときに、ＩＳＩＳの持っている莫《ばく》大《だい》な富に気づかされた。ハザールはＩＳＩＳの軍事委員会のトップであるアブドゥルラーマン・アル・ビラウィの密使であり、イラクのモスル近郊で捕えられた。

尋問の後、イラクの諜報機関は彼にビラウィの隠れ家に案内させた。諜報機関は夜襲をかけビラウィを殺害し、一六〇個に及ぶメモリーに記録された情報を手に入れた。その情報の中身には驚くべき事実が含まれていた。外国人戦闘員やリーダーたちの名前からはじまって、彼らの政府内のポジションやグループの資金源に関する詳しい情報が盛り込まれていたのだ。特に際立っていたのは彼らの資金力であった。実際そのときまで、ＩＳＩＳの資金力がどれほどのものか誰も知らなかったのである。

ＩＳＩＳはほかのテロリスト集団が数十年かけてもなし得なかったことを、わずか二年で達成したことになる。つまりは経済的に独立した組織の確立である。

世界的な金融システムから外れて資金を動かすことは大変困難なことではあったが、彼らは単に莫大な金額のカネ（二〇一四年末で一三億から二〇億ドル近くの資金）を持っていたばかりでなく、実態のある経済活動を行い、部下に給与を払い、容易には破綻しない中央財政機構を構築していたのである。

彼らの富の例として一般に知られている話によると、モスルのある住人は逃げ出すことよりもそこにとどまり金儲けをすることを選んだという。その住人は多くのシリア人同様モスクワに留学した経験があり、ロシア語を話すことができるので、衛星ＴＶ用のアンテナやほかの商品をＩＳＩＳと共に戦っているチェチェン人やグルジア人に売りさばいている。彼の話によれば、そういう武装集団との商売で大きな富を稼いだという。例えば、一回の取引で一〇台のプラズマＴＶと五台の衛星アンテナ、一五台の高画質カメラをチェチェンのリーダーに売った。これで六万ドルの現金を手にしたのだ。

カネはＩＳＩＳを語るときにもっとも重要なことであり、実際にＩＳＩＳの初期の戦闘での成功は、このカネに惹かれてきた戦闘員によるところが大きい。

多くの戦闘員、あるいは離反者たちがＩＳＩＳのカネに魅せられたと私に語っていた。武器や弾薬を買うカネ、給与や賄賂に使うカネ、機材の保持、作戦の成功報酬、そして作戦に貢献して死んだ戦闘員の家族たちへの補償金などに使われていた。多くのシリア人戦闘員にとって、経済が全く機能しなくなったこの国でカネこそが生命線であり、ＩＳＩＳのみが彼らの家族を支えてくれると考えることに無理はない。カネはＩＳＩＳの将来にとっても大変重要である。彼らは町や村のインフラを守らなければならないし、行政を行う上で多くの人を雇わなければならない。同時に彼らはメディアを使ってのキャンペーンに、多大なカネを費やさなければならない。

彼らはこのことに早くから気づいておりイラクとシリアでは財務大臣を置き、カネの動きを隠しもせずに記録している。実際、官僚体制は末端の統治機構まで行き届いている。

こうした彼らの財政的独立性は、彼らの収入源を断ちたい西側諸国にとって大変厄介なものである。アルカイダの場合は国際的な資金の流れを断つことで彼らを苦しめる、あるいは少なくとも彼らへの資金提供者へのプレッシャーを与えることができるが、ＩＳＩＳの場合はこれができない。彼らの資金のほとんどが自分たちの支配地域からもたらされるものであり、集金も送金も全てが現金で行われているからである。

彼らは原油の販売で月に数千万ドルの現金を手に入れることができ、誘拐した人間の身代金、強奪行為、そして銀行や個人から数億ドルにのぼる現金を奪っている。このカネで彼らの周りにいる組織（スンニ派部族、穏健派勢力やレバノン人民兵組織など）に忠誠を誓わせることもできるのである。

ＩＳＩＳは腐敗を認めないと宣言している。実際、ほかの組織とは違って、彼らが稼ぎ出したカネは全ていったん中央に集められ、その後に給与や経費として払われる。ＩＳＩＳには財務大臣も存在し、戦闘員は組織に入ると最初に資金の使用に関する厳重な規律を叩き込まれる。以下の通り、ＩＳの憲法では個人の蓄財も厳しく禁じられているのだ。

「政府の公的資金と認められた富は、イスラム教のイマーム（宗教的指導者）の管理の下に置かれる。イマームはその富をムスリムの利害のためだけに使うのであり、戦利品として持ち帰った者や略奪した者などの所有とはならない。もし彼らが自分のものとした場合には、その者は法的に裁かれ過酷な制裁を受けることとなる」

ＩＳＩＳ誕生以前、他の組織では、自由シリア軍（ＦＳＡ）の部隊から地方の部族組織に至るまで、個人が私腹を肥やして戦闘員を離反させたり、あるいは戦闘員に奪われたりというようなこともあった。しかし、ＩＳＩＳはその構成員から潜在的戦闘員に至るまで、湾岸諸国からの汚れたカネに依存しないという価値観を共有している。

## 石油

シリアとの国境に近いトルコの名も知らぬ町に住むアデムという男は、いたって裕福である。そこには毎日国境を越えてシリアから油が持ち込まれ、それが彼に巨万の富をもたらしてくれるのだ。二、三日に一度、早朝に大小のタンカーが国境のシリア側にやってくるが、そのタンカーにはこぼれんばかりのディーゼルオイル、それもちゃんと精製されたものが入っている。

国境線にあるいくつかの監視所にはトルコの守備隊がいるが、彼らの目をかいくぐり彼は別のタンカーや樽にディーゼルオイルを吸い上げる。そして、それは瞬く間にトルコの市場へ運ばれることもあるし、しばらくは安全を鑑《かんが》みて小屋に留め置くこともあるが、いずれにしても全くたやすい作業である。

私が彼に石油がどこから来るか知っているかと問うと、彼は「シリアだろ」と言ってほほ笑む。私がさらにその石油がＩＳＩＳから来ているのではないかと聞いても、それには答えず「いつも通りにやってるだけさ」としか言わない。

彼は以前パイプを国境の畑の下に隠して敷いて、複雑な方法でポンプで小屋まで汲み上げて、それから暗くなるのを待っていたそうだ。しかし、今はそれほど気を使う必要もなくなり、安全と思われる場所と時間に移動して作業を行っている。軍隊は長い国境の全てをパトロールできるわけでもないし、彼は独自の監視方法で自在に場所を変える。「警官があちらに居ればこちらで、こちらに来ればあちらでという具合にポンプを使い、万が一捕まってもカネで解決できる」とうそぶく。

こうしてＩＳＩＳの資金の大半は、トルコあるいはクルド地方への石油の販売で賄われる。トルコとイラク・シリアの国境線は二〇〇〇キロ近くあり、この商売を止めることは事実上不可能だ。ＩＳＩＳのシリア・イラクからの石油の汲み出しは止まることはない。

彼らは長年かけてつくられたブラックマーケットのルートを使い、市場価格よりかなり安い値段でアデムのようなディーラー相手に売りさばく。そしてアデムらは正規ルートに石油を流す。こうして取引された闇石油は一度トルコに入ると、市場取引品としてその素性がわからなくなってしまうのである。

トルコの報道によると、こうして密輸されたディーゼルオイルは一ガロン当たり二・七五ドルで売られているが、トルコにおける正規のディーゼルオイルの値段は七ドル以上するとのことである。ＩＳＩＳは毎日三万から八万バレル程度の石油を積み出しているといわれている。

国境のいたるところで、こうしたトルコ政府と村民たちのイタチごっこは行われている。トルコ人は歴史的にも優秀な商人であり、彼らの間では「狡猾な密輸業者になれなければよい花嫁はもらえない」といわれている。

驚いたことに、こうした石油は少なからぬ量がアサド政権にも売られているのである。ＩＳＩＳが最初にシリアの東の地域にある油田を支配してから、ＩＳＩＳとシリアの政権の一部（恐らくは仲介代理人を通して）の間では、精油所を動かし続ける約束ができあがっていた。私はあるＩＳＩＳの離反者と話をするなかで、こうした約束があることを聞いた。ＩＳＩＳは一日のうち数時間、パイプのバルブを開き数百万ドルを得ていた。ＩＳＩＳの支配下にあっても油田の労働者たちは現場に残り働き続けた。ただしマネージャーだけは、経験のあるＩＳＩＳの人間に取って代わった。この離反者に、敵だった人々と一緒に働くことをどう思ったかと聞くとこう答えた。「それは簡単な話で、石油の供給をＩＳＩＳがカットすると言えば、政権は施設を爆撃すると言うし、どちらの側も必要なんだからこうなったのさ」。

二〇一三年の六月初頭、ＩＳＩＳの石油による収入は毎日約一〇〇万ドルであったと想定されているが、なかには三〇〇万ドルほどもあったという試算もある。アサドがそのような大金がＩＳＩＳに流れることを許していたことの背景には、自分たちが政権にしがみつき、非道な政治から世間の目をそらす目的があったと思われる。

アメリカは二〇一四年一〇月にいくつかの精油施設を爆撃し、ＩＳＩＳへの資金の流入を止めようと試みているが、その爆撃がどれほど功を奏するかわからないし、爆撃だけで十分かどうかもわからない。地上ではアメリカはＩＳＩＳが国境を通じて出す石油を減らす努力もしているが、アデムのような人間を探し当て追跡するようなことがどれだけ可能かも定かではない。

テロ及び金融情報担当次官のデイヴィッド・コーエンは以下のように警告を与えている。

「もちろんＩＳＩＳの石油は、正規の経済活動以外の不法なネットワークを通じて売られている。当然のことながらこういうビジネスを行う個人は、経済制裁など関係ない世界で動いている。しかし、その石油も最終的には合法的な金融システムに乗った経済活動のなかに入り込んでくることとなる。そうした連中は当然銀行口座を持ち、彼のビジネスは誰かから融資を受け、彼のトラックには保険がかけられ、施設は認可を取って営業しているであろう。

また、仲介代理人と呼ばれる連中、トレーダー、精製業者、輸送会社、そしてＩＳＩＳの石油を扱う誰もが、我々が彼らの尻尾をつかむべく日夜働いていることを知るべきである。我々は彼らをアメリカの金融システムから切り離すだけでなく、彼らの資産を凍結し、彼らが世界中で自分の資金を引き出したり、ビジネスのために動かしたりすることができないようにしてやることもできるであろう」

とは言え、アデムがこのメッセージに恐れをなすとも思えない。明らかなのは、彼らの組織には投資を行うビジネスマインドを持った人間もいるということだ。いったん石油の供給危機が来れば、ガソリンスタンドはＩＳＩＳの支配下に置かれるであろう。彼らは莫大な利益を得るために、彼らが石油を奪った人たちにガソリンを売る。おそらく通常の値段の四倍ぐらいで売りつけるだろう。

都市の管理を厳しくすることにより、メンバーは物流をコントロールできるようになった。それは単に安全確保のためではなく、通行税を徴収するために行われている。徴税方法はさまざまあり、戦闘員たちは、タンクローリーの場合は一五〇〇ドル、大型トラックなら二〇〇ドル、中型トラックなら一〇〇ドル徴収する。すでに行おうとしているが、たとえ欧米がトルコやアサド政権、南部イラクへのオイルの流れを止めることができたとしても、ＩＳＩＳはすぐに大規模なゆすり、たかりのシステムを開発し、それによって向こう何年間も資金を得られるだろう。

## 強奪と徴税

ＩＳＩＳは個人、商店主や会社に対する洗練されたゆすり、たかりの手口により、毎月数百万ドルものカネを得ている。これはＩＳＩＳがシリア内戦に入り込み勢力を拡大する以前からやっていた方法で、ＩＳＩと呼ばれていた時代、モスルを奪って以来その地の企業を定期的に脅し、危害を加えては、それをやめる代わりにカネを巻き上げていた。

しかし、皮肉なことに通信事業会社だけは、この脅しを受けないでいた。なぜなら、彼らにとって通信は重要だからであり、携帯電話用の電波塔はＩＳＩＳがしっかり守っていたのだ。通信事業会社の社員にとっては大変良い時代がやってきたと思われた。しかしほかのビジネスでは略奪され、工場は乗っ取られ、機材は盗まれて売り飛ばされるなど、ひどい目に遭っていた。ＩＳＩＳの戦闘員たちは一軒一軒、家や会社を回り、食料品店から衣料用品店まで現金の集金を始め、それに従わない者は脅しと、ときには爆弾の洗礼を受けることになった。

こういう事実があるにもかかわらずラッカの多くの住人は税さえ払えば、見せかけの平和であれ彼らの生活が戻ることに喜びを感じている。ラッカの中央銀行はいまやＩＳＩＳの税務当局そのものになり、二カ月に一度、商店主たちはここで水道光熱費と安全確保という名目で二〇ドルを支払う。彼らはこの税金を払っても、戦乱のなかで暮らすよりましだと考えているかぎり幸せなのだ。もちろん、

ＩＳＩＳの凶暴な言動にどこまで耐えられるのかという問題はあるが。

銀行もまだ通常の業務を続けており、限度があるものの預金の引き出しも可能だ。ただ、銀行の入り口にはＩＳＩＳの戦闘員が立ち、引き出し額の一〇％を払えと脅されることもあるという。

トラックドライバーも道によっては通行税を取られるし、この通行税はトルコ国境に近づくほど高くなるともいわれている。

イスラム教徒でない人々はもともと非常に少ないのだが、移住を命ぜられるよりは男性一人当たり七二〇ドルのカネを払えばそこにいられる場合もある。これはコーランにそう書かれているというのだが、実際にはＩＳＩＳは彼らを殺すか奴隷とするようだ。だから、ＩＳＩＳのプロパガンダ以外でそういう実例を聞いたことがない。

彼らが、どこまでこの仕組みで地域をコントロールできるのかはわからない。ＩＳＩＳが現在占領している地域にイラク政府が本来振り当てていた二〇一四年の予算は、二〇億ドル以上である。もちろんそれはＩＳＩＳの予算のはるか上をいく。だから彼らがどれだけこの資金的重荷に耐えられるのかわからないし、彼らはその上に広大な地域での軍事作戦を行う費用も必要としている。すでに水や電気の不足は報じられており、ラッカでは停電、断水が一日二〇時間にもなるという。

ＩＳＩＳが統治を続けるには余りにも資金が足りない。もし兵士たちに払うカネがなくなり、武器を補修するカネもなくなり、人々に配る食料や水や燃料などがなくなれば人々は立ち上がり、ＩＳＩＳの力は衰えるだろう。

彼らはまだ今のところシリアやイラクの銀行を利用しているが、それも底を突くであろう。また彼らが金貨、銀貨、銅貨などを鋳造し、独自の通貨「イスラミックディナール」をつくり出そうとしているとは聞くが、その成功の可能性はきわめて低い。

## 誘拐

誘拐はオイルほどの富をもたらすものではないが、彼らに大きな利益をもたらすことに違いはない。誘拐のほとんどはイラクやシリア国内で同国人に対して行われる。ＩＳＩＳは男、女、子供、かまわず拉致して奴隷としたり、殺したりする前に身代金の要求をする。

イラクのカラコシから逃げ出してきた家族の話によると、戦闘員は赤子を無理やり奪い取り、この地を去らなければ赤子を殺すと脅してきた。さらに赤子を返してほしければ五〇〇〇ドルから三万ドルもの身代金を払えと電話で要求してきたのだ。この取引は仲介代理人と呼ばれる人間がセッティングをし、彼らが身代金の受け渡しを行う。こうして他人の不幸からカネを得るのだ。

大きな金額の身代金は西洋人の誘拐にかかわるものだ。西側政府は拉致された人々の解放のためには進んで身代金を払うからだ。ＩＳＩＳは前述のジム・フォーリーの身代金として一億三二〇〇万ドルを要求したことがあったがすぐに彼は殺された。もちろんこの金額は他のケースとはかけ離れていた。西洋人の解放に必要な金額は普通一人当たり五〇〇万ドルといわれているが、交渉は二〇〇〇万ドルぐらいから始まり、この額に収まるといわれる。二〇一四年、四人のフランス人拉致被害者は一八〇〇万ドルで解放されたと聞く。

国連安全保障理事会のテロ対策委員会は、二〇一四年にＩＳＩＳが約四五〇〇万ドルの身代金を獲得し、この金額はさらに増加傾向にあると報告している。アルカイダはＩＳＩＳ以上に身代金に依存しており、過去四年間に一億ドル以上のカネを身代金として手に入れたとされている。

# 第一七章　ホラサン

二〇一四年九月二三日の夜半、アメリカの戦闘機がシリア国内のターゲットを爆撃した。世界の誰もが、それはISISに対するものだと思った。しかし、その日のターゲットに選ばれたのは違うグループであった。彼らは陰に隠れた小さな組織で、「ホラサン」あるいは「狼部隊」と呼ばれるグループであった。

その夜、地中海にある巡洋艦から発射された何発ものトマホークミサイルが、シリアのイドリブ地方の農場に降り注いだ。そこの屋敷には爆弾を製造する五〇人余りの戦闘員が住み、彼らの目的はただ一つ、西側諸国を攻撃することだった。ミサイルは爆弾に命中し、さらに弾薬庫、通信施設、指令棟などを破壊した。この攻撃によって、無法国家の内部に西側諸国への攻撃を立案・実行できるグループがいて、その脅威が増しているという事実が明るみに出た。彼らの攻撃は混沌《カオス》の一歩手前で引くという、アフガニスタンでアルカイダがやったのと同じやり方だった。

実際ホラサン・グループは、ヌスラ戦線から生まれたアルカイダの一翼であり、九・一一同時多発テロの再来を狙っていた。彼らの目的はアサド政権を倒すことでもなければ、自分たちの王国をつくろうというわけでもない。それは外国人戦闘員をリクルートし、訓練して西側諸国への攻撃を準備することであった。

このグループはアルカイダのリーダーであるザワヒリによってシリアに送り込まれ、対外攻撃を研究し、即発性の爆弾の製造とテストを行い、実行犯となり得る西洋人を募集していた。アルカイダのフランチャイズ組織が自分たちの領地以外の土地で活動するには、アルカイダの中枢からの許可が必要だが、ヌスラ戦線にはこの権限が与えられていたと考えられる。

例えばザワヒリは「アラビア半島のアルカイダ（AQAP）」に対し、アルカイダに代わってどこでも攻撃を加える権限を与えていた。ISISは（差し当たり）自分たちの王国をつくることに専心しているが、AQAPなどは西側諸国に対する戦いをメインとしている。

アメリカが二〇一四年九月の攻撃で主たるターゲットとしていたのが、ホラサンのリーダーであるムーシン・アル・ファドリで、彼は西側諸国内での攻撃に長《た》けていた。報告によると、ファドリは「部下に西側諸国において、特に電車や飛行機といった公共交通機関に対するテロ攻撃をどう行うべきか訓練をしていた」という。

まだ三三歳ながら、彼はアルカイダのなかで古くからエリート指揮官として知られていたし、間違いなくシリアにおけるアルカイダの幹部の一人である。彼の首に七〇〇万ドルの賞金が懸けられていることが大物ぶりを証明している。しかし、彼はアメリカの諜報機関により一〇年以上にわたって追跡され、前述の九月の爆撃で殺されたと考えられている。

ファドリは弱冠一九歳のときに九・一一テロ攻撃を事前に知っていた一人であり、国連の報告によると、彼はチェチェンでロシア軍と戦いながら火器、対空砲や爆発物に関して多くを学んだ。彼は「イランのアルカイダ」の下部組織のリーダーでもあった。また、彼の母国クウェートでもテロリストのネットワークをつくり、さらに、テロ組織に資金提供した罪で服役したこともある。彼は隠れ家と紛争地域を転々とする、まぎれもないグローバルな聖戦戦士である。

彼とホラサングループはまた、イエメンの爆弾づくりの名人でありAQAPの一員でもあるイブラヒム・アル・アスリとも親交が深かった。二〇〇九年、ウマル・ファルーク・アブドゥルムタラブという男による旅客機の爆破計画があったが、そのときに使われた下着爆弾の製造責任者がこのアスリであるといわれている（その計画は失敗に終わったが）。こうした実験的な爆発物や搬送装置を活用できるのがアスリの特徴だ。

この陰のグループによる度重なる西側諸国へのテロの企てを、アメリカ政府は強く警戒した。「このグループは航空機を破壊するための爆発物を隠す方法を繰り返し考案している。これはつまり、西側諸国に対して人々の注目を集めるようなテロ攻撃をする意思があることを示している」と国家テロ対策センターの副長官であるニコラス・ラスムッセンは言う。そして、「彼らはますます西側の安全対策に注目しており、そうした我々がとる警戒態勢に適応しようとし続けている」と続けた。

同様に、占領地を広げ地域の潜在的な不安材料となっているシリアやイラクのＩＳＩＳは大きな脅威である一方、彼らが生み出した混沌が、ほかの過激派にとって完璧な拠点と安全地帯をつくり出してもいる。これを中途半端な状態で放置してはいけない。

# 第一八章　カリフ統治国の子供たち

「ＩＳＩＳは子供たちを、長期間の忠誠を誓い、暴力を生活の糧《かて》とする献身的な戦闘員を養成するという主義《イデオロギー》の中核的存在としてとらえている」――シリアに関する国連独立国際調査委員会

ＩＳＩＳ支配の下、貧困と飢餓に直面している子供たちには選択肢はない。子供たちは一三歳ぐらいから訓練キャンプにおびき寄せられ、次の世代の戦闘員あるいは自爆テロ犯、殺人者へとつくり変えられていく。彼らのなかには望んでキャンプに行く者もいれば、食べ物を餌に誘われたり、あるいは親から見放されたり、ただ単に誘拐されたりした者もいる。

ＩＳＩＳの支配地域から漏れてくる話を総合すると、いかに子供たちが巧みに操作され、訓練されているか、また、それが実に組織的かつ計画的に行われているかがわかる。全ての学校や大学はＩＳＩＳの下では閉鎖され、受けられる教育はＩＳＩＳによるものだけである。一六歳以下の少年たちは最初に新兵訓練所に送られる。四五日間にわたって彼らは洗脳され聖戦《ジハード》の精神を叩き込まれ、コーラ

ンを暗唱させられ、戦うことを覚えさせられる。彼らは自分たちの住む社会でスパイ活動をすることを強いられる。それは家族さえも対象となり、カリフへの忠誠を誓い異教徒たちを殺すことを約束させられるのだ。

インターネット上にはこれらの訓練キャンプを映したビデオが流れているが、そこに登場する子供たちは繰り返しバグダディへの忠誠の誓いを叫ぶ。彼らは熱意に突き動かされ、中途半端な気持ちは一切なく、彼らがアミール（首長）の手に自分の手を置きＩＳＩＳに誓いを告げるとき、満面の笑みを見せる。

幼少の子供たちは宗教的な洗脳が終わると、外国人や新兵と共に軍事キャンプの年長の戦闘員たちに合流する。次の三カ月間、彼らは種々の訓練を受け、銃をどう撃つか、手榴弾をどう投げるか、爆弾をどうつくるかなどを習う。また彼らは斬首や大量虐殺のビデオを見せられ、それがいかに素晴らしいものであるかを教えられる。そして、いくつかのグループに分けられ、それぞれ自爆班、爆弾製造班、戦闘員などに仕立て上げられていく。

以前キャンプにいたＩＳＩＳ戦闘員が私に言うには、多くの子供たちが最前線に参加することや自爆攻撃に行くことを望んだ。キャンプの卒業前には、斬首の訓練のための人形を与えられるし、ときには、敵として捕えられた生身の人間の首を切ることも強要された。最悪の非人間的行為であるが、ここからはもう戻ることはできない。

ＩＳＩＳのビデオでは、黒いユニフォームを着て、きちんと並んだ子供たちが蹴飛ばされ、殴られ、引きずり回される映像が映る。子供たちは倒れたりよろめいたりしても、すぐに元の位置に戻り忠誠を誓う言葉を口にする。

彼らは本物の銃を持ってパトロールの訓練もするが、その銃は彼らの背丈の半分ほどもある。彼らはまた捕虜を捕まえたり留置したりする訓練も行う。道をブロックでふさぎ待ち伏せ攻撃をする訓練もあるが、ビデオに映る子供たちはそれを喜んでやっているように見える（もちろん、これは彼らのプロパガンダであることを忘れてはいけないが）。

訓練が終わると、彼らは洗脳され死ぬ覚悟ができ上がり、すぐにでも戦闘に駆り出される。一六歳以下であれば弾薬を運んだり料理をしたりして、活躍できるチャンスが来るのを待つ。

シリア北西部の都市、コバニの戦いでは、ＩＳＩＳの若い戦闘員たちの遺体が前線で発見された。それは援軍が必要となれば、ＩＳＩＳが若者を準備も訓練もろくに受けさせないまま前線に出した証しである。ＩＳＩＳ側の犠牲者がたくさん出たとき、輸血のために呼ばれるのも若い者たちだ。

アフリカにも子供の戦闘員はいるが、彼らは戦闘の後は村の生活に復帰する。また、ＩＳＩＳの戦闘員との違いはアフリカの子供たちは主義《イデオロギー》を教え込まれないことだ。彼らは単に引きずり出されて戦うことを教え込まれるだけだ。一方、ＩＳＩＳの傘下にある子供たちは人を殺すことを望み、それを永遠に楽しみ続ける。

ここに我々の直面する最大の問題がある。アメリカが行動しないということは、ＩＳＩＳが地域を占領し続けるばかりでなく、その侵略を食い止められないということでもある。一日でも長く彼らが占領を続ければ、それだけ西側諸国に反感を持つ子供たちが洗脳されていくことになる。このように、この世代の子供たちの考え方が固まっていくのは最大の恐怖である。

タフタナズの北部の町で銃を構えるシリアの子供（2012年5月）。©Photo courtesy of Rick Findler

ＩＳＩＳ支配下の町で警備に当たっているのはこれら洗脳された若者たちであり、彼らは誇らしげに黒い腕章を見せびらかしている。「ラッカは静かに殺されていく」と題したブログでは、ＩＳＩＳに対する忠誠を偽った父親に対して息子がののしり、父親は息子の見ている前でひどく殴打されたという恐ろしい話が書かれている。

ＩＳＩＳがコントロールしている地域外であっても、影響されやすい子供たちはインターネットを通じて洗脳される。私が話した一〇代のクルド人の少年は、自分のフェイスブックのプロフィール写真にＩＳＩＳの黒い旗を使っていた。彼はＩＳＩＳはよきイスラム教徒なので彼らのやっていることは正義であると語る。しかし、彼は実際に彼らがどんなことをしてきたかはわかっておらず、ただかっこいいと思っているだけだ。またトルコでは、黒いハチマキをして何時間もＩＳＩＳのビデオを観ながら、いつの日か自分も前線で戦う夢を見る一〇代の少年たちもいる。

もっともＩＳＩＳに影響されるのは子供だけではない。たった四歳の子供を持つ親がイギリスからフランスを経由してシリアに渡った。この家族が銃を振り回し笑いながら写っている写真の上には、「次世代の殉教者」と書かれている。

「一〇歳とか一二歳の子供たちには、いろいろな役目が与えられる。戦闘員はもちろん、偵察係、スパイ、歩哨、検問所係等々。また、料理や掃除、負傷者の治療といった屋内の仕事もさせられることもある」――ユニセフの中東・北アフリカ子供保護局アドバイザー、ローラン・シャピュイ

# 第一九章　ＩＳＩＳの知られざる行政システム

二〇一四年一一月七日、アメリカ率いる同盟国軍（有志連合）の戦闘機が、イラク北部のモスル近郊のＩＳＩＳの拠点を攻撃した。目撃証言によるとＩＳＩＳの幹部たちが会合を行っていた家をめがけて集中的な攻撃が仕掛けられ、同時にシリアとの国境近くのアルカイムという町の近くを走る一〇台の装甲車両を狙い撃ちにした。その後に続いた二日間の攻撃で、バグダディと幹部たちも死亡したのではないかという噂が飛んだ。町の病院は患者たちを外に出し、大きな拡声器を積んだ車が町中を走りながら負傷者の深刻さを強く訴えると共に、緊急の献血を求めていた。

しかしながら、その後のネットのチャットを見るかぎりではバグダディは難を逃れたようだ（ＩＳＩＳは通常、犠牲者が出たことをすぐにアナウンスする）。イラク側の情報筋によると、バグダディはかなりの重傷を負ったといわれていたが、その確証はなく、数日後には彼は音声によるメッセージで生きていることを明らかにした。しかし、彼の補佐官であり広報官であるアブドゥル・ラーマン・アル・アタイは、五〇人の仲間と一緒に殺されたという。

このような幹部による大きな集まりはＩＳＩＳではきわめて稀で、なぜそのような会議が行われていたのか、またアメリカ軍がこの内部情報をどのようにして得たのかはわからない。しかし周到な暗殺計画でＩＳＩＳの指導者の首さえ取れば、組織は壊滅するだろうとの考えは間違いだ。ＩＳＩＳはもしそういうことが起きたとしても組織的な準備はきちんとできているし、バグダディのみがこのカリフ統治国を率いることができるというわけではない。

実は、バグダディはグループのなかで最大の力を持っているとは言い難い。彼は重要な決定を行い方針は出すが、彼とてシューラ評議会というＩＳＩＳの内閣の決定に従わなければならない。このシューラが知事を選び、軍事評議会のメンバーを選び、そしてバグダディの方針がその決定に沿っているかどうかチェックしているのだ。

## シューラ評議会

シューラ評議会は九人から一一人の男たちによって構成され、あらゆる決定を行うこともくつがえすこともできる。バグダディ自身の決定でもそうである。これはＩＳＩＳの以前の指導者であったアブ・オマル・アル・バグダディのときから存在しており、現在もこの厳格な機構に従わなければならない。

離脱者の間での噂ではバグダディは単なる表看板的な存在であり、本当の意思決定はシューラ評議会のほかのメンバーによってなされているともいわれているが、これを確かめる術はない。

従来の研究では、バグダディは評議会を自分の思うがままにし、キャンプ・ブッカで自分と一緒に投獄され、その後二〇〇九年に共にイラクで戦っていた仲間をメンバーにして、誰も自分に反抗できないようにしたといわれていた。また評議会には二人、彼の後継者と目される男がいて、必要とあらばいつでもカリフの役を担うことができるようになっているといわれる。その二人とはアブ・ムスリム・アル・トルクマーニとアブ・アリ・アル・アンバーリである。

バグダディはトルクマーニにイラクの一二の地方を、アンバーリにはシリアの一二の地方を管轄させた。ＩＳＩＳは本来、統一されたカリフ統治国をめざしているが、実際には非常に現実的に考え、各地方それぞれに特有の問題があると認識し、やがてそれらがいつの日か統合されるまでは、地方ごとに異なる統治機構を持ってもよいと考えている。

トルクマーニ（本名は、ファデル・アメフド・アブドゥラ・アル・ヒヤリ）はサダム・フセインの軍事諜報部の中佐だった。サダム・フセインにも、サダムの義兄弟でＩＳＩＳのモスル攻略を指揮したイザット・アル・ドウリにも近い人物だ。

彼はフセインが権力の座から引きずり降ろされるまで、共和国守備隊の特殊部隊として恐れられていた。フセインの失脚後は、ほかのバース党のメンバーたちと同じように、アメリカと戦うスンニ派の反政府軍に加わった。そしてバグダディと同様、彼も捕えられてキャンプ・ブッカに投獄され、そこでおそらく二人は出会い、同じ時期を過ごしている。

イラクのオペレーションの長として彼は、ＩＳＩＳが占領した地域の知事として地域を統括するのみならず、ＩＳＩＳがまだ占領していない地域のスパイのネットワークづくりも担当し、ＩＳＩＳが占領したときにすぐさま彼らの法支配が可能になるようにした。トルクマーニは、バグダディ政権の後継者の最右翼である。

一方、アンバーリはＩＳＩＳのシリアでのリーダーである。彼もサダムの軍隊では少将であり、その後二〇〇三年に反政府軍に参加した。しかし、彼はアンサール・アル・イスラム（当時のスンニ派の過激派組織）から汚職が原因で追放されてしまう。その後「イラクのアルカイダ（ＡＱＩ）」で頭角を現し、ＩＳＩＳのシリア担当に任命されるまでになった。

もっとも、ＩＳＩＳでは多くの偽善的行為がはびこり、リーダーたちは信仰よりも権力を求め、宗教の名の下に自分たちの戦闘員を利用する。彼もトルクマーニも地域の統治機構と軍事作戦を担当するが、彼らはサダムの軍隊での残忍さを受け継ぎ、練度の高い軍事的スキルも持ち合わせている。ゆえに、この二人はバグダディ亡き後の有力な後継者と目されているのだ。

## その他の評議会

シューラ評議会と並んで重要なのはシャリーア評議会で、これはバグダディが頂点に立つ。シャリーア評議会は教義の守り手であり、宗教的布告が実行されているかどうかを監視する。この評議会についてはその中身はほとんど知られていないが、六人の強力なメンバーによって構成され、歴史的には六三四年に、史上もっとも強力で影響力のあったカリフのオマル・イブン・アルハッタブによってつくられたといわれている。

軍事評議会は戦略の立案、攻撃の組織づくり、将校たちの人事、武器の確保、報奨の授与などをつかさどる。構成員は八～一三人で、リーダーはアブ・アイマン・アル・イラキとされるが、噂によると、現在はチェチェン人兵士のオマル・アル・シシャニがチーフを務めているようだ。前述のように、彼は、そのめざましい戦功と、長く赤いひげ、髪で知られている。

国家安全評議会は、シリア担当でバグダディの後継者と目されているアブ・アリ・アル・アンバーリが統括している。これは組織内の治安をチェックすると共に、スパイを送り出すなどの諜報活動、バグダディの安全の確保、敵組織の侵入の防御、自爆攻撃の計画なども担当する。国家安全評議会はカリフ統治国家建設のための重要な役割を担っている。

## 統治機構

懸念される組織内部の治安システムを統括する国家安全評議会は、ＩＳＩＳのカリフ統治国形成にもっとも重要な役割を担っており、皮肉なことに彼らが取って代わろうとしている政権と同じような野蛮な戦術を使っている。実際暴力的な行為はＩＳＩＳ統治下のほうが顕著であり、サダム・フセイン時代と同じ人間が携わっている。

ＩＳＩＳ支配下地域にいる活動家（「ラッカは静かに殺されていく」を運営する反骨のブロガーなど）は、街中で変わらず続く惨状をレポートしているが、ほんのちょっとした軽犯罪でも牢獄に送られ刑罰を科せられてしまう。祈りの時間に仕事をしたとか、喫煙したとか、斬首の刑に立ち会わなかったとか、そんなことで厳しい罰が科せられている。

ＩＳＩＳは市民を縛り付けておくためには、二つのことが重要であるとよく理解している。危険な動きを排除する治安体制と基本的なサービスを提供する能力とである。現在ＩＳＩＳのリーダーたちは市民社会が機能するように努力しているようだが、恐怖によるコントロールがそのもっとも有効な方法となっている。

ＩＳＩＳに対する大きな疑問は、彼らが占拠した街や地域において、彼らの統治を長期的に見た解決策だと人々がとらえ、また有益な統治を行うことによって少なくとも残忍な行為が減じていくような、きちんと機能する統治システムを迅速につくり上げられるのかということだ。

これを実現するために、ＩＳＩＳは警察や情報機関を確立できるよう、即座に各省庁や政府組織などのネットワークの構築に取り掛かった。彼らは宗教局、人道局、法曹局などをつくり上げ、彼らなりのカリフ統治国モデルがどれほど機能するのかということを懸命に示そうとした。そして、彼らが本拠地としているデリゾールやラッカでは、戦乱に明け暮れる地域に比べて、比較的統治に成功を収めている。

ＩＳＩＳの行動には一つのパターンがある。ある町や地域を占領したのち、彼らは即座に人道主義的な政策を実行する。パン屋を開いたり、水や食料を供給したり、冬には石油や毛布を供給したりする。戦いの最中や戦後、人々はそのような親切な行為を歓迎し、どんな形の統治であれ、多少の自由がなくなったとしても、戦乱よりは有難いと感じるようになるのだ。

さらに彼らの活動には、お祭りや賞金付きの参加型ゲーム、競技大会など、さまざまなイベントのような援助活動も伴う。例えば、コーラン音読大会やコーラン暗記大会、あるいはリーダーの講演会、戦士たちとの交流会などなど。そして、ＩＳＩＳの誰が何を行うのかを説明するプレゼンテーションも町の広場に掲示される。

彼らはビラを配り、飲食物を手渡し、地元の人たちと交わり、彼らの〝友好的〟な一面を見せる。子供たちと綱引きをしたり、かけっこなどの遊びをしたりもする。こうしたことが、ＩＳＩＳの下での生活が以前と比べていかによいかということを効果的に訴えるキャンペーンとなるのだ。

いったん占領地域の支配を固め、援助策で人々を吸い寄せてから、ＩＳＩＳは宗教警察を送り込む。彼らはシャリーア法に従うことを強要し、彼らの意思に反するあらゆることを取り締まりの対象とし、この仕組みが施行されるころには反抗など考えられないほどの警察国家ができ上がる。

ＩＳＩＳ支配の下で満足して生活をしている人もいるといわれるが、結局は過去二年間よりは今のほうが幾分ましということにすぎない。つまり、（ときどきであるにしても）公共サービスはあるし、何らかの食料にはありつけるし、水と断続的に電気も来る。厳しいルールはあるが戦闘はない。

ＩＳＩＳの支配地域に対する攻撃があるとすれば、それはアサド政権からのものであり、彼らの無差別な攻撃は市民を犠牲にし、結果として市民をＩＳＩＳの側に押しやるだけに終わる。だからＩＳＩＳ統治の厳しい現実に直面しても、彼らが望むようにしさえすればいいし、住んでいる町を攻撃し爆撃し続ける政権があれば、ＩＳＩＳのほうを選ぶ人も出てくるだろう。

ＩＳＩＳはアサド時代にあったシステムをうまく使うことによって、これまで成功してきた。つまり石油のネットワーク、水道施設、道路整備などのインフラである。彼らは本心では過去のシステムを全て排除し、異教徒たちとは協力したくないのだが、そこは現実的に古いシステムとバランスを取りながら既存のインフラや金融システムを利用し、歯車が回り続けるようにしている。結果として、ＩＳＩＳの支配下でも同じ会社や銀行が存続し続け、カネが国中で流通し、人々を助けることもできている。

西側諸国がこれらの動きを止めることは困難であろう。なぜなら、その動きを止めた瞬間に何百万人もの人が飢え死にするような破滅的な結果をもたらすからである。しかしながら、ＩＳＩＳの電気や水の供給能力がいつまでも続くわけではない。最終的には資源も部品も労働力も外国から持ち込まざるを得なくなるだろうが、もちろん誰も喜んでそんなことに協力しないだろう。

一方で、労働者や管理者に関しては、彼らは多大な人的資源を持っている。ＩＳＩＳのプロパガンダにより、サウジアラビア、イエメン、チュニジアなどの国から経験のあるマネージャーやエンジニアが集結している。繰り返しになるが、こうしたシステムは短期間だったらうまく機能するだろう。しかし、終わりなき支配を行うためには、次の世代の学生たちに宗教以外のことも教えなければならない。今のところは、そんなことをやりたいとも思わないだろうし、そもそもできないだろうが。

アメリカはおそらく、ＩＳＩＳが供給するサービスが回らなくなるようにする攻撃を考えているのではないだろうか。ＩＳＩＳが現在供給しているサービスを続けられなくなるというのは、ある程度先の予測だ。ただ、そうなったら、ＩＳＩＳ支配下の人々は彼らに牙をむくだろうし、ＩＳＩＳはさらなる残虐な方法で人々を抑圧するだろう。

# 第二〇章　シャリーア法の下での生活

ＩＳＩＳのルールでは喫煙は厳禁となっている。喫煙で捕まった者は、むち打ちの後、数日間投獄されるか、何回目かの違反が見つかれば気まぐれな判決で死刑になることさえある。にもかかわらず、人々はそうした禁制を回避する方法を探す。彼らの〝首都〟ラッカでは、反抗に出る人もいれば、ニコチンを得るためにとんでもないことをやりかねない者もいる。

前に捕まったことのあるラッカの住人は、タバコを秘密裏に家に持ち帰るために巧妙な手口を使った。リスクがあると知りながら、町の中心にあるブラックマーケットでタバコを売る連中の元へ、彼は週二回買いに行く。人々は街中で定期的に宗教警察に止められ検査されるにもかかわらず。

だが、以前この男はタバコを持ち歩いて捕まったことがあるので、「市場で売るんだ」と言って持ち出した伝書バトの胴体にタバコを結びつけて家に帰らせることを思いついた。タバコを買ったらすぐに屋根からハトを放ち、家に着くころまでにハトは彼を待っていてくれるという仕組みだ。また、タバコをアセトアミノフェン（鎮痛剤）の箱のなかに隠したり、パンの山のなかに隠したりする者もいる。

喫煙はＩＳＩＳが禁ずる多くのことの一つにすぎない。彼らはシャリーア法の極端な解釈により何が違法かを決める。それはムスリム（実際は世の中全て）に守らせたいモラルなのである。シャリーアは彼らの統治の根幹にあり、彼らの行動の全てを規制する。彼らの支配下では、ほかのどの施設よりも多くシャリーア関連の事務所を開いていることからも、彼らの意図は明確だ。このような事務所を通じてさまざまな指令が発せられ、違反者は告訴され罰を受けることとなる。

シャリーアを施行するのは誰もが恐れる宗教警察で、アル・ヒスバと呼ばれている。彼らはＩＳＩＳという警察国家の中心的存在であり、ＩＳＩＳの将来的なルールづくりの中核組織だ。ヒスバこそ、シューラ評議会で決められた厳格なオキテの施行者であり、ＩＳＩＳのどの部署よりも予算がかけられている。

ネット上のプロパガンダではヒスバの目的を次のように記している。「善を施し、悪を懲らしめる。つまりは悪の元を根絶し、反抗の芽を摘み取り、イスラム教徒を幸福に導くものである」。

彼らは特別なマークを付けた車で街中を走り、自由気ままに検査・尋問を行い、密売品などを扱っていないか、携帯電話やパソコンをチェックする。そして、シャリーアに沿った表示があるかないかで逮捕する。西側の価値観を象徴するようなもの、正しいイスラムの服装をしていない女性など、不道徳な振る舞いを連想させるような女性は重大な違反と見なされる。ジーンズのような西側の服も禁止されているし、実際男であれ女であれ、身体の線を見せるようなタイトな服装も禁じられている。

## 裁判所

ＩＳＩＳは彼らが支配するエリアでの犯罪率が下がったと言い、（アミール＝首長によって指名された）裁判所の判事は強盗や盗みといった犯罪が減ったのは自分たちのおかげであると自慢している。しかし同時に全てのエリアでＩＳＩＳの戦闘員による強奪にはおかまいなしで、異教徒から盗むことは戦利品を取ることだと信じており、レイプ、殺人、そして女性たちを売ることも当然のことと考えている。

数え切れないほどのＩＳＩＳ戦闘員が、ツイッターで彼らが踏み込んだ家から略奪した商品を並べ、奪った女性たちについて述べている。それを彼らの裁判所は称賛しているのである。

裁判所はラッカ、アレッポ、モスルなどＩＳＩＳの占領地域のいたるところにある。毎日裁判官は不平を聞く。家族間の問題やカネの争い、泥棒や離婚問題、反宗教的犯罪などである。

裁判官が話を聞き、罰が下される。しかし、この見せかけ裁判の裏では、多くの人が拘束、逮捕されたり、あるいは手を切り落とされるなど恐ろしいことが行われている。しかも、それらは裁判所では審理されず、ヒスバの思いのまま決められているのだ。

牢獄はＩＳＩＳに反抗した人々であふれているが、彼らは何か悪いことをしたわけでもなく単にイスラム法の解釈の違いによって投獄された人々である。これは茶番としか言いようがない。

# 第二一章　外国人戦闘員

静かなオアシス、青々とした緑やヤシの木に囲まれた一角で足を組んでいる五人の外国人戦闘員がスクリーンに映し出される。彼らは穏やかな口調でしゃべり、そこにはすぐ近くで行われている戦闘の臭いも感じさせず、銃は膝の上に静かに置かれている。オーストラリアやイギリスから来た男たちが、代わる代わる彼らの戦闘に加わらないかと誘いかける。彼らは自分たちがいかに名誉あることをしているか、心平穏で、どれだけ幸せを感じているかを語り、カメラに向かって手招きをして、お互いのひげを撫ぜながら勧誘する。

アブ・ヤヒヤという名前のオーストラリア人がビデオのなかで話しているが、下に出るテロップでは彼が最近殉教者となったと出ている（ビデオは彼が戦闘で死ぬ少し前に撮られたものだ）。それを見れば、彼はすでに自身が静かに話していた天国に行ってしまったことがわかる。

もちろんこれは、単に上手いこと演出され、編集されたビデオの一つで、外国人の新兵を募集するためのものにすぎないが、なかなか説得力もある。ＩＳＩＳに加わるために西側諸国から集まった戦闘員たちを見れば、このビデオがどれだけ説得力があるかが理解できる。

しかし、外国人戦闘員たちの現実の姿は、この型にはめられたビデオとは随分とかけ離れている。現実のＩＳＩＳにおいて、外国人戦闘員たちは全く異なる評価を受けている。とても優しい言葉で語られるようなものではない。むしろ逆に、彼らの多くはたちの悪い連中で、ただ銃をぶっ放したいとか首を切り落としてみたいとかいう人間だ。彼らにとってＩＳＩＳとイスラムとは何の関係もない。ＩＳＩＳは彼らがやりたいことをやるための道具にすぎないのだ。

私が聞いたＩＳＩＳの離脱者の話では、こうした外国人戦闘員の蛮行にショックを受けたという。彼らは殺戮への欲望が強く、好んで殺人したり、人に痛みを負わせたりすることに快楽を感じる者たちである。コーランのことなど少しもわからず、ほとんどは改宗者で最近イスラム教を知ったような連中だ。

この男たちをもっと正確に表しているビデオは、ＩＳＩＳの広報ではなく外国人戦闘員自身がつくったビデオである。そのようなビデオの一つで、強い南ロンドン訛りの男がターバンを顔に巻き、自らの「勇敢さ」を自国の若者に誇示している。彼いわく、「お前たちはちっぽけでヘンテコな帽子をかぶり、ズボンに手を突っ込み道行く女の子の姿を見ているんだろうが、俺たちは首を切り、こいつらに思い知らせてやってるんだ」。そして銃を撃ちながら続ける。「俺たちが不信心者を殺しているとき、お前たちはどこで何をしているんだ」といった具合に。

そして、西側から来た多くの戦闘員の実態が判明してきた。彼らは徹底したギャングスター（チンピラ）となって国に戻ることを意図している。私は彼らが聖戦《ジハード》を信じていないとは言わない。実際フロリダから来たアメリカ人のモネール・モハメッド・アブサラのように、自爆攻撃に志願したものもいる。だが大多数の者は最終的には国に戻りたいのだろう。なぜかといえば彼らが心に描いていたものと現実に体験したことは、全く違っているからである。

彼らはＩＳＩＳの幹部には全く信用されていない。よく言われていることだが、彼らは歩哨として使われたり、皿洗いをさせられたり、荷物を運んだり、料理をつくらされたりしている。彼らはＩＳＩＳのヒエラルキーの一番下であり、いざ戦闘に駆り出されるや、シリア北西部のコバニのような戦場では砲弾の餌食となる。どこかで戦闘員が急きょ必要になったときに、訓練もそこそこに送り込まれるからである。

その結果、多くの西側から来た戦闘員が国に戻ろうとしている。フランスの新聞『フィガロ』にはフランスから向かった聖戦戦士《ジハーディスト》たちの手記が多数載せられていて、彼らの大半が大きな間違いを犯したと述べている。「私はもう嫌になった。彼らは私に洗濯や片付けしかやらせない」「ｉＰｏｄが使えなくなった」「とにかく帰りたい」などなど。三分の一の人間は、戦闘に恐怖を感じている。「彼らは私を前線に送ろうとしているが、どうやって戦ってよいのかわからない」といった具合に。

彼らの手記にはこういう例もある。友人にならって本国に帰ろうとしたフランス人の男はアミール（首長）によって斬首された。これは一度ＩＳＩＳに加わった者に帰国はないという厳しいサインだ。実際、二〇一四年一二月、ＩＳＩＳは逃げようとした一二〇人の外国人戦闘員を殺害した。

西側諸国はここにもっとも焦点を当てる必要がある。社会に不満を持つ若者を惹きつける主義《イデオロギー》から取り戻さなければならない。しかしほとんど無策な状態だ。愚かにもＩＳＩＳに引き寄せられる者たちは、そこに行けば西側にいるよりはましな生活ができるだろうと考えるが、いったん行くと、目を付けられ要注意人物となる。

アレッポの北にあるＩＳＩＳの支配下の町マンビジュには、「リトルロンドン」とか「リトルベルリン」と呼ばれている外国人戦闘員たちが多くいる。彼らがたむろしていた地域ではアラビア語が第二言語だ。妻や子供を連れて来た者もいる。みんな聖戦をやるために集まってきたのだ。アメリカの国土安全保障省の推定では二七〇〇人の欧米人がＩＳＩＳに加わったが、そのうち五〇〇人がイギリス、七〇〇人がフランス、四〇〇人がドイツ、そして一〇〇人以上がアメリカ出身者だ。

外国人戦闘員がＩＳＩＳに加わることは実に簡単で、すでにＩＳＩＳ入りしている誰かとコンタクトを取り、イスタンブールへの航空券を買い、国境に向かい、コンタクトを取った人間と共に国境を渡る。国境に近いトルコのガジアンテップとアンタキヤの空港では、荷物がほとんどない戦闘員たちが老若を問わず行き来する姿が見られる。彼らが安心して泊まれることをウリにしているホテルすらある。より遠いオーストラリアやアメリカ、カナダにも、ヨーロッパに行くのを阻む法律などなく、トルコビザも空港で取得できる。しかし、事前に監視下にある過激派が徐々に空港から出ることを阻止され、何人かは証拠を元にテロ計画容疑で捕まるようになった。

一方、本国で監視リストに入れられていても、網の目をくぐって脱出する人間も後を絶たない。イギリス人のモハメッド・アハメド・モハメッドの場合、彼はすでにテロ防止・調査措置（ＴＰＩＭ）による監視下にあった。つまり彼は保釈中であり、常に監視され、高跳びする危険性があるとされていたのだ。そんなある日、彼はテロ対策の私服警官に尾行されながらもモスクのなかに消え、身体を全て覆うブルカ（アラブ女性が着る黒い服）に着替え、足首にはめられたタグを外し、普通にドアから出て行った。彼はいまだに見つかっておらず、外国で戦闘に参加していると考えられている。

一方、アブ・フセイン・アル・ブリタニ（本名はジュナイド・フセイン、二〇歳）の例は、西側の戦闘員がＩＳＩＳに属することが、いかに危険かということを物語っている。二〇一二年、彼はイギリスでコンピューターのハッキング容疑で六カ月の刑に服した。その後シリアのＩＳＩＳに加わり、現在彼はジャーナリストや報道エージェンシーを目標としたハッキング計画のリーダーの一人になったと考えられている。

アブ・フセインは大胆にも、アメリカのミズーリ州ファーガソンで起こった騒動のデモ隊にも触手を伸ばしている。彼はネットでデモ隊参加者に次のようにアプローチした。「我々はあなたたちの話を聞いている。あなたたちがイスラム教を受け入れ、民主主義のような人為的につくられた汚れた法律を拒み、カリフであるアブ・バクルへの忠誠を誓うなら、我々はあなたたちのために血を流すことをいとわない。けっして眠らず、生き血を飲み物とし、虐殺をたしなむ我々の戦士を送り込んで差し上げよう」。

外国の戦闘員たちはまたビデオマニュアルもつくっていて、どうやれば現地に入れるか、何を持ってくればよいか（暖かい衣料とか）などを教えている。こうした彼らの間で存在しているネットワークこそ、遮断しなければならない。アメリカ人に比べヨーロッパ人のほうが国境を越えることはたやすく、ＩＳＩＳへの参加はより簡単である。

女性の場合も容易である。最近イギリスにおいて、おとり捜査官がＩＳＩＳに行きたい一〇代の少女を装って捜査を行った。するとＩＳＩＳ行きを表明するや、すぐに彼らの出先機関からロンドンの取次事務所に航空券を買うためのカネが送られてきたのだ。何人ものイギリス人女性が最近空港で足止めされているが、同様に何人もの女性が通過して行ったのだろう。

フランスからは六三人、イギリスからは五〇人、ドイツからは四〇人の女性がＩＳＩＳに加わったとされる。彼女らは聖戦戦士たちの子供を生みに行ったのだ。二〇一四年九月、フランス中部で「セックスジハード」への参加に特化した女性募集の集まりが摘発された。彼女たちはまずネットを通じて戦闘員たちと連絡を取り、その後現地へ向かい結婚する。もし夫が死ねば彼女らは殉教者の未亡人として賛美され、再婚することができる。参加者のなかにはとても若い女性もいた。彼女らは自分が何をしているのか想像もつかない。宗教がどんなもので、聖戦がどういう意味なのかさえも。こうした様式的かつ理想主義的なプロパガンダによって、感じやすい年ごろの女の子たちが乗せられ参加してしまったのだ。彼女たちは一六歳や一四歳、なかには一三歳のドイツの少女もいた。

また、小さな子供たちを連れて加わったとされる女性もいた。その後、彼女たちが銃を抱えた画像や、切り落とされた首の隣にいる画像が投稿された。

## ジハーディ・ジョン

もっとも有名な外国人戦闘員はもちろん、死刑執行官ジハーディ・ジョンである。彼こそ、公開されたビデオ映像に登場した全ての西側諸国の捕虜を殺害した男であり、ＩＳＩＳの対欧米との戦いのシンボル的存在となった男だ。

彼は、犠牲者の隣にナイフを持って立ち、カメラを通じて直接西側諸国の人々に向けてしゃべっている。今や彼自身が広告塔となっており、シューラ評議会のメンバーにも選ばれた。彼は西側の戦闘員としてはめずらしく流暢で古典的なアラビア語をしゃべるが、ボディーガードはイギリス人で固めている。

アメリカ当局は彼が何者かわかっていると断言しているが、具体的な情報は開示されていない。しかし当初から、彼はアブデル・バリーという男で、ロンドン生まれのラッパーでチンピラであるとの報道が多数なされていた。三〇歳前後と思われるこのアブデル・マジッド・アブデル・バリーは、ISISがシリア戦争に参戦する以前からISISに属し、イラクで戦っていた。彼は自慢げにツイッターでシリア時代の話をし、片手に生首を持つ自身の写真を投稿した。説明文にはこうある。「相棒とマッタリしてるぜ。これ、あいつが残していったものさ」。バリーの父親アデル・アブデル・バリー（五四歳）は、二〇一四年九月、アルカイダによるケニアとタンザニアのアメリカ大使館爆破テロに関する裁判で罪を認め、懲役二五年の刑を受けている。

これらの外国人戦闘員たちは、果たして欧米にとって本当に脅威だろうか？　論理的にはそうであろう。彼らはアメリカであろうが、カナダ、オーストラリア、イギリス、フランスであろうが、自国に帰って、かつてないほど過激になり、テロ攻撃を仕掛けるかもしれない。しかし現実には、国土安全保障当局は国境を超えた彼ら一人ひとりを実際に警戒している。どれくらいの期間どこで過ごしたか。また、どんな経歴なのかということまで。こうした情報により、彼らがどこへ何をしに行ったのか、有力な手掛かりが得られるのである。実際問題、彼らにとってレーダーの目をかいくぐるチャンスはほとんどないだろうし、ましてや当局に見つからないよう行動し、攻撃を仕掛けるのはきわめて難しいだろう。

## 外国人戦闘員の中核

外国人戦闘員について語るとき、一般的に二つの脅威があるといわれている。

一つはネットで過激な思想に染まり、海外には行かず国内で一匹狼的に行動するタイプ。彼らは要監視リストに入らないかもしれず、無警戒のままテロ攻撃を立案することができる。

例えばロンドンの街中で斬首したリー・リグビー殺害犯、ボストンマラソンの際に爆破テロを起こしたチェチェン出身の兄弟、シドニーの店で人質を取って二人を殺したオーストラリア人の男、あるいはカナダで二人の兵隊を殺した犯人などがこの部類である。これらは全て、ＩＳＩＳによってばら撒かれたプロパガンダの結果であり、外国で戦闘をしたことのない過激派による犯罪である。こうした場合、ターゲットを過激なプロパガンダの増殖と拡散をする連中に絞り込む必要がある。

もう一つ、より大きな脅威は「本当の」外国人戦闘員たちである。つまりは現在軍隊の中核としてシリアやイラクを破壊している連中である。彼らはシリアとイラク以外のあらゆる国から来ている。国籍でいえば、チュニジア、トルコ、カザフスタン、クウェート、リビア、アルジェリア、イエメン、ヨルダン、カンボジア、ロシア、中国、そしてフィリピン……。数え上げれば切りがない。八〇カ国から約一六〇〇人の戦闘員たちが集まっているといわれている。

戦闘員は今もまだ増えており、この集団的な移民が一番の問題である。彼らの多くはどこかほかのところで戦争を経験しているか、あるいはすでに軍事訓練を受けていて、いずれにせよ、みな聖戦を熱烈に信じている。彼らは現地の人々との接点はない。だから現地人に対し暴虐《ぼうぎゃく》非道《ひどう》なことを喜んでやれる。この意味では、彼らは完璧に戦闘員である。彼らがＩＳＩＳに力を与えているので、世界中の国がこうした連中が戦地へ行くのを阻止しなければならない。

彼らが最終的に不安定な状態にある自国に戻り、ＩＳＩＳの考えを広めると、地域全体が不安定化してしまう。ヨルダン、サウジアラビア、リビア、イエメンといった国々が崖っぷちにある。そうした状態は我々西側諸国には大した影響を与えないと考えてしまいがちだが、確実に影響を及ぼしてくる。地域の大規模な不安定化は重大な影響を引き起こすので、何とかこれを阻止しなければならない。

# 第二二章　トルコ国境

二〇一二年四月、まだシリアでの混乱が初期のころ、我々は国境を越えようとした。

ある夜遅くに、トルコとシリアを隔てる有刺鉄条網の横の泥んこの溝に這いつくばった。我々が息をひそめて身をかがめているとき、わずか六メートルほど先にシリアのシャビハという民兵が懐中電灯を手に辺り一帯を捜索していた。彼らは我々を探していたのである。夜中の一時、爆発により遠くの地平線が照らされた。二時間もの間、我々は身を寄せ合ってうずくまったまま、彼らの会話を聞いていた。もし捕えられたら、間違いなく彼らは案内人を殺し、我々を捕まえたであろう。

我々のことが誰かによって彼らに密告されていたことがわかった。地中海に沿って突き出したトルコ南東端部には、多くのアサド政権シンパの人々がいる。我々が見つからないように国境まで行くには、何度も車を乗り換えなければならなかった。

二時間の長きにわたり体が痛くなるほどじっと隠れていたところ、彼らはやっとあきらめ去って行った。それからしばらくすると、カラシニコフを持った下着姿の二人の男が眼前の茂みのなかから現れた。彼らは我々に衣服を脱いでついて来るようにと静かに言った。我々の案内人（ＦＳＡ＝自由シリア軍の大尉）がうなずくのを見て我々は指示に従った。

我々は機器類と衣服をしっかりと握りながら灌木《かんぼく》の間を抜けた。はたから見たらこんな滑稽な恰好はないだろう。赤いパンツの武装した男たちと、それに従う半分裸のジャーナリストが灌木をくぐり抜け、シリアの激戦地域に向かうなんて。

さらに行くと川があり、我々は状況が飲み込めた。一直線に渡ろうとすると水はすぐにも首のところまで上ってきた。武器やバッグを頭の上に上げ、冷たい川を渡った。対岸に衣服を投げ、ペースを上げてオリーブ畑を抜け丘のほうに向かった。我々はついにシリア、それも敵のすぐ後ろに入ったのだった。

シリアの国境には、今やアサドの力は及んでいない。我々が通ったようなところは、やがて密輸業者たちや戦闘員たちのハイウェイと化し、あの想い出の川には浮桟橋までつくられた。今では、人々は昼夜を問わず国境を渡るために列をなし、何百人もの避難民たちが逃げるために国境のフェンスの穴に集まり、先を争ってけんかをする者もいれば、年老いた人が辛抱強く待つ姿も見られる。

この国境が、ＩＳＩＳやほかの反政府勢力の生命線になっており、そのことがトルコを外交上の嵐に巻き込んでいる。トルコ政府の緩い国境管理がＩＳＩＳを助けることになっていると非難の声が上がっているのだ。直接的な証拠はないのだが、確かにそう思われるふしはある。真相は、何十年後かにはサウジアラビアの力を削ぐという大目標を見据え、両面作戦を取っているということだろう。

トルコにとってアサドとクルド人は、ＩＳＩＳ以上に大きな脅威である。それ故トルコはニュートラルなスタンスを取っているのだが、確実なことはＩＳＩＳはトルコを攻撃はしないだろうということだ。もし攻撃するとしたら、トルコには六五万の練度の高い兵隊がいることを忘れてはならない。この数はＮＡＴＯ軍のなかで、アメリカに次いで二番目の規模である。

一方、クルド人はトルコ国内に一四〇〇万〜一八〇〇万人いるとされ、トルコの統治にとっては重大な脅威になり得る。シリアにいるイラン人と同じようなものだ。

ほんの数年前、トルコはこのエリアの盟主であり、外務大臣のダブトグルは二〇一〇年にこう語っていた。「中東においては、我々トルコの知らないところで、葉っぱ一枚動かすことはできない」と。であるから、ＩＳＩＳの急激な成長をトルコは驚異ととらえたのかどうか。あるいは、うまく立ち回ることによって友好的なスンニ政権がシリアに誕生すれば、イラクのクルド人とうまみのある天然ガスの取引もでき、かつ周辺国でのイランの影響が抑えられるであろうという、長期的な利益を認識しつつ、ＩＳＩＳの膨張を横目で見ていたのか、そこは定かではない。

実際、トルコの野心はとどまるところを知らない。トルコ人は新興著しい自らの政治的・経済的な力をもってすれば、この地域の盟主になれるのではないかと信じている。トルコはカタールと共にムスリム同胞団を支持したが、それもイスラム教に基づく政治が、将来大きな力を持つという信念があるからだ。エルドアン大統領自身、自国をイスラム国家に近づけようとしている。

シリア内戦が始まった際、トルコはアサド政権の転覆に賛同した最初の国の一つでもある。アサドが倒れればトルコの求心力は増し、地域への影響力を増強できるというエルドアンのゴールに近づくわけだ。二〇一二年初頭、外相のダブトグルは国会でこのように述べた。「我々は中東での変化の波をリードする。新しい中東が生まれつつある。我々は中東のオーナーであり、パイオニアであり、しもべであり続けるだろう」。

トルコのＩＳＩＳを受け入れる姿勢は、このような戦略に基づいたものなのだろうか？　そして、ほかの国々が泥沼にはまっているなか、待ちの姿勢を取り続けられるのだろうか。

## トルコとＩＳＩＳ

トルコがアメリカへの協力と引き換えに要求していたことは、アサド政権の打倒である。アメリカはいま、必ずしもアサド政権の崩壊に積極的ではない（もし、シリアが真空状態になったらＩＳＩＳが勢力を伸ばすからだ）。このことが、両国間に行き詰まりを生んでいる。（アサドでもクルド人でもなく）ＩＳＩＳが負けることで生み出されるギャップを埋める集団が現れるまで、トルコは高みの見物を続けるだろう。

シリアの紛争の当初、アメリカはトルコの国境を越えてアサドと戦うための武器や資金、あるいは戦闘員などが穏健な反政府グループに行くことを歓迎していたし、トルコは喜んで協力していた。オバマは地域の部族などの力が戦争に影響力を及ぼし早くに結論が出て、アメリカはこの問題から遠ざかることができるだろうと踏んでいた。

しかし、アサドが持ちこたえ、宗派間の争いも日に日に悪化し、結果ＩＳＩＳが強大になっていったのだ。しかも、ＩＳＩＳが膨張したにもかかわらず、トルコは国境を越える石油や戦闘員たちの流れをコントロールせず、何ら政策の変更もしなかった。

　私がＩＳＩＳの逃亡者に対し、トルコ政府があの抜け穴だらけの国境を厳重に管理しだすかもしれないと言ったら、彼は一笑に付して言った。「我々にとって国境もトルコ政府も問題じゃない。服を変えて自由シリア軍だと言えば簡単に通れるよ」と。

　トルコ国家情報機構（ＭＩＴ）は、ＩＳＩＳの動きを細かく監視している。国境近くの県、ハタイの知事が発表したレポートは驚くほど詳細だ。いわく、「ＩＳＩＳの部隊は二〇一四年三月にダルクシの町に展開し始め、三月一四日にバスでズルズル地域に向かった。コルクラーの村から三〇〇メートルのトルコ国境に一番近い場所にある二階建てのヴィラで一五〇人ほどが夜を過ごした。翌日一五日、彼らは四五～五〇人からなる四つのグループに分かれ、別々のポイントからトルコ側に侵入した。彼らはそこでアブ・バラという人間と会い、同日の朝六時ごろレイハンリのケントホテルに連れて行かれた」といった具合に。

　このような情報があるにもかかわらず、戦闘員たちは滅多に逮捕されることもない。噂ではＩＳＩＳの戦闘員たちはシリアやイラクから簡単に入り込み、南部トルコ領のレストランまでケバブを食べに来るという。また、ときに傷ついたＩＳＩＳの戦闘員がアンタキアの近くの私立病院で治療を受け、回復したら戻るといったことも知られている。

　このように、トルコが出すシグナルは明らかに両サイドをにらんでいることを示している。いろいろな状況下で彼らはＩＳＩＳと交渉しており、例えばモスルで捕えられた四五人の外交官が（ＩＳＩＳの捕虜との交換かもしれないが）戻されたこともあった。一方で、数回ほど国境線でＩＳＩＳと小競り合いをしたこともある。彼らはクルド人と共に戦うこともあるが、クルド人がトルコをもっとも必要とするときに関係を断ったりもする。

トルコは大っぴらにアメリカをサポートすると言うが、アメリカの爆撃機の攻撃基地としては使わせない。国境で行われているISISからの石油の流れを止めようとはしないし、知っていながらISISの戦闘員がトルコ領内で活動するのを許しているのだが、どちらも認めていないと宣言もしている。いったい彼らの狙いは何なのか?

## リーク

二〇一四年三月二七日、トルコの高官会議の極秘内容の録音がリークされた。ユーチューブに流れた音声により、シリアとISISに対するトルコの政策が丸裸になったのだ。それでトルコ政府はユーチューブの閲覧を禁止した。

もっとも非難を免れ得ないのは、トルコの諜報部のトップであり国家情報機構の長官であるハカン・フィダンが行った提案だ。ISISのトルコに対する嘘の攻撃をつくり上げ、それを理由にシリアでの作戦を展開してはどうかと提案していたのである。

フィダンは次のように語っていた。「私は望むなら四人の男をシリアから送り込む。トルコ側へミサイル攻撃を行わせ、戦争の原因になるようなものをつくらせる。そして次に内部で大きな騒動になるようにする」。

このフィダンの提案が国中に混乱を引き起こし、やがて大きなスキャンダルに発展した。しかし、明らかにこのことが、アレッポの南部地方の奪還というトルコの積年の国家目標に光を当てた。歴史的にアレッポはトルコ領であったが、オスマン帝国の崩壊後、第一次世界大戦の終戦で没収されてしまったのだ。フィダンがシリアへの襲撃を提案した背景には、ＩＳＩＳを相手にしたものではなく、スレイマン・シャーの墓の管轄権を得ようとする目的が隠されていたのではないか。スレイマン・シャーの墓とはアレッポ市内にあるトルコの神殿であり、すでにトルコの飛び地となっていた。ただ、今後数十年続くであろう混乱において、トルコがこの地域の併合を請求するだろうことはあり得ない話ではない。

先の極秘録音はまた、トルコ政府がいかにいい加減かも明らかにした。九分間の録音のなかで、外務大臣アハメト・ダブトグルと国防次官ヤサル・ギュラーのような高位にいる人々が、好き勝手な議論をしている。

ダブトグルはトルコ政府がすぐに決断ができないと嘆いて言う。「国家の安全保障が政争の具となってしまった。我々が行ってきた国土防衛、国境の安全、主権領土などに関する交渉は、ありふれた安っぽい国内政治の道具になっている」と。

ここにトルコの問題がある。彼らは自国内の問題に動きが取れなくなっている。そして彼らの無為が結果としてＩＳＩＳを助けることになっているとの非難を生んだのだ。

彼らはかつて影響力を行使できる機会があったにもかかわらず、しかるべき人々に助けを出さなかった。外務大臣のダブトグルがテープの中で言っていたように。「二〇一二年の夏に真剣に行動に移っていれば……」。

## トルコへの帰還

写真家のリックと私がシリアのイドリブに数日間滞在してからトルコに戻る際、国境越えの様相は入ったときとは全く変わっていた。アサド政権の軍隊の移動により、我々は入境したところよりも約一〇〇キロメートルも北から国境を越えなければならなくなったのだ。首まで水につかることはなかったが、川越えは同じく困難だった。

アサド軍を避けた大変な数日の間、むごたらしい戦闘の結果を目にし、ほとんど食べる物もなく眠ることもできずに過ごしたが、帰還できることがただただ嬉しかった。我々が丘の向こうの国境線に向かって最後の歩を進めていると、前方に長い鉄条網が見えてきたが、隠れるようなところはない。理想的とはとても言えなかったが、我々は疲れて恐かったのでとにかくシリアを脱出したかった。

我々と一緒にいたのは、シリア人の案内人とトルコからの物資を必要とする自由シリア軍の兵士だった。我々の国境越えは違法であろうし、捕まれば面倒なことになる。二人は我々に、近くの羊飼いの小屋で朝まで寝て、陽が昇ってから国境線をよく見てどこから越えればよいかを判断したほうがよいと言った。しかし、私はここ数日のことを考え判断を下した。しかも悪い決断だ。

「いや、私は行く」。私は苛立《いらだ》って案内人に言った。「あなたたちは待てばよいが、私があそこまで行くのに助けはいらない」。リックと私は腰を上げた。私は案内人が我々を置いては行かないと確信していた。彼の仕事は我々がトルコに無事に着かないかぎり終わらないからだ。案の定、彼は我々についてきた。彼はこれまで付き合ってきた多くのシリア人同様、正直で優しい男だ。それなのにこの悲劇に見舞われているのだ。彼と自由シリア軍の男は仕方なしに我々に従った。

我々は岩だらけの丘をつまずきながら歩き、灌木を見つけるたびに身を隠し、岩肌を飛び降り、イバラや植物の棘で傷だらけになりながら進んだ。それは本当に厳しい行軍であった。そしてついに国境のフェンスに着いたとき、我々の前に幾重にも巻かれた有刺鉄線が現れた。それは想像していたよりもずっと大きなものだった。

なかなか渡れそうな場所が見つからない。あちらこちらに這って行ったあげく、最後にいくつかのフェンスを押し下げ、トルコ側に這い上りはじめた。誰もが鉄条網に引っかかり、もがけばもがくほど引っかかるといった具合で、服はズタズタになった。

とにかく恐ろしかった。前にも後ろにも行けない。それでもついに我々のうち三人まではフェンスを抜けることができた。鉄条網に引っかかってしまっている最後の一人、自由シリア軍の兵士を助けるために後ろを向いたとき、大きな閃光が我々を照らしたかと思うと叫び声が聞こえた。こちらに向かって来るのは武装した男たちで、銃口は我々に向けられていた。

リックと私は全速力で逃げた。我々はまだいろいろなものを身にまとっていて、それはかなり重かったが、逃げているときにはその重さすら感じなかった。我々が木の裏に駆け込んだときに男たちがショットガンを撃った。ショットガンの弾丸が、我々の周りに飛んで来る音が聞こえた。そして我々は別々の方向へ逃げた。

私は石垣の裏に回って小さな農場めがけて走り、リックはそこから急いで下りていった。我々のいた場所は村の郊外らしく、男たちが叫びながらこちらに来るのが聞こえるので、農場のほうへと向かった。どこからともなくリックが私の前に飛び出してきて走り続ける。彼も同じ農場の建物を見つけたのだろう。

我々はもう一つの塀を乗り越え、干し草の積まれた外階段の下に身を隠した。心臓は張り裂けそうだったが、懸命に身をかがめ、二人で身を寄せ合いしゃがみ込んだ。

二〇分近く彼らは捜し続け、ほんの一〇メートルもないぐらいの距離まで来たが、見つからなかった。実際、今でも思い出すが、私は流れ出る玉のような汗のせいで我々の居場所がわかってしまうのではないかと恐れ、汗が地上に落ちる前に手ですくい取り続けた。

静かになってから、農場のなかへと入って行った。もう一つの塀を越えるとそこは岩場になっており、転げ落ちるようにしてそこを越えて見上げると、明らかに怒った顔つきのトルコ人の農民が目の前にいた。こんな夜中に、防弾チョッキを身につけた二人の西洋人がいるだけでも十分怪しい。その農民は叫ぶなり、我々をつかんだ。しかし、リックが彼を投げ飛ばし、また我々は逃げた。

その後どうなったかを手短に言えば、我々がすぐにトルコのＳＩＭカードを使いスマートフォンを見たところ、我々の案内人と兵士はトルコの国境警備隊に捕まったということがわかった。警備隊は彼らがジャーナリストと一緒だったと言うことを信じず、二人はテロリストだと責められてしまったのだ。結局、我々も国境まで戻り手を挙げて捕まることになった。

二人のシリア人はシリア側に追放された（その数時間後にはまたトルコに入境するのだが）。一方、リックと私はその後一日半、トルコの監房にぶち込まれた。同じ監房に『ニューヨークタイムズ』の凄腕記者、アンソニー・シャディドがわずか数カ月前に放り込まれていた。その後シリアで亡くなってしまったが、入獄者記録の我々の前に彼の名前が書かれてあった。

その二日後、我々はトルコの国家情報機構に尋問を受けた後、国外追放された。

# 第二三章　シリアのクルド人とコバニ

二〇一四年九月二四日、私はクルド人の情報将校から絶望的な電話を受けた。トルコ・シリア国境の町コバニが敵に包囲されたというのだ。わずか数キロ先にISISがおり、数万もの難民は殺害される危機に瀕していた。これまでトルコ政府は難民たちが同国領内に逃げ込むことを拒んできたが、それまで行っていた難民援助さえも中止していた。このまま手をこまねいていたら、ここは血の海となるだろう。

じきに各種メディアが続々とコバニの取材に入ってきた（多くのジャーナリストたちも私と同様の連絡を受けていた）。大殺戮の可能性に直面して、アメリカも動かざるを得なくなった。たちまちコバニはアメリカの対ISIS作戦の初めての象徴となった。世界中からやってきた数百人ものジャーナリストもトルコ側の小高い安全地区に集結する。一方、街なかには貧弱な装備のクルド人民兵組織が踏みとどまっていた。アメリカ軍の飛行機と無人機が数週間にわたって上空を旋回、ISISの陣地を、さらにはISISの旗が据えられた丘を爆撃――これは軍事戦略的にはさしたる意味はなかったが、メディアには報道価値のある材料を提供した。

オバマ大統領自身が明言したように、表面上はアメリカはＩＳＩＳと対決していた。しかし、対決というより言葉とは裏腹に、コバニは真の攻撃目標というよりも煙幕であり、ＩＳＩＳを叩くというよりも戦っている姿勢を示す宣伝の色合いが強かった。その後半年もの間、オバマはコバニでの作戦を続行したが、それはアリバイづくりであって、ＩＳＩＳに対する長期にわたる戦略というよりも短期的な成果を狙ったものでしかなかった。いわば「ＣＮＮ向けの作戦」であった。

もちろんアメリカの作戦行動が無意味だったとまで言うつもりはない――意味はあったし、それによって多くの人命が救われたことは間違いない。しかし、ＩＳＩＳにとってコバニにはさして重要な戦略的価値はなく、それどころか戦闘する意味すらあまりない。すでにＩＳＩＳはトルコ国境の広大な地域を支配下に収めており、ここで戦闘をしたところで数百メートルほど支配地域を増やすにすぎないからだ。

この一連の戦闘でＩＳＩＳが上げた成果は、コバニのクルド人をアメリカ軍に防衛させたことで、トルコにとってクルドの脅威が大問題であることを改めて認識させたことだろう。シリアのクルド人（ＹＰＧ）は、シリア紛争の当初からアサド政権と戦わない見返りとして自治権が与えられ、その結果、トルコはイラクとの国境にイラク国内にあるようなクルド人国家ができてしまうのではないかと恐れていたのだ。トルコがＩＳＩＳに対していかに無関心かを示す証拠映像がある。そこには、武装したＩＳＩＳ戦闘員たちがトルコ国境に近づいてきて、トルコの国境防衛隊と和やかに話した後、手を振って別れを告げ、ピックアップ・トラックに乗ってコバニへと戻る姿が記録されていた。

キルクーク近くのISISの前線基地をめがけて銃撃するクルド軍兵士（2014年6月）。
©Photo courtesy of Rick Findler

一方ＩＳＩＳは、わざと未熟な戦闘員をコバニへ送り込んで、コバニよりも重要な戦いへアメリカの空爆が広がらないようにしたという可能性もある——事実、世界中の関心がコバニに注がれている間に、ＩＳＩＳはイラク西部のアンバール地方を難なく支配下に収めていた。

ＩＳＩＳは「勢力を維持・拡大している」というイメージを維持できるよう、宣伝戦《プロパガンダ》でも勝利を強く望んでいた。ＩＳＩＳは多数のイスラム系の隠れ蓑組織と共に戦ってきた。その意味で、（このコバニの戦いは）ＩＳＩＳに敵対するさまざまなグループが手を組んだ特記すべき事例であった。ＩＳＩＳはいったん戦いを始めると、数百人もの未熟未訓練の若者を投入し、戦死者を生む。コバニの戦いではＩＳＩＳ軍には二人のイギリス人が参加して戦死、一方のクルド人部隊にも二人のイギリス人が加わっていた。外国人が敵対する両陣営にあって相戦った初めてのケースでもあった。

トルコは、アメリカによるシリアのクルド人への支援を、国の目標とは究極的に相いれないと見ており、だったらＩＳＩＳのほうがまだましだと考えているふしがある。多くの西側諸国からはテロリスト政党と見られているクルド労働党（ＰＫＫ）の創立者のアブドゥラー・オカランが、二〇一三年三月、獄中から「三〇年にわたるトルコとの戦いは終わった」との声明を発表したにもかかわらず、二〇一四年一〇月トルコ政府はＰＫＫの陣地を爆撃した――これは少なくともトルコが彼らを今なおテロリストだと見ている証しであろう。

アメリカはイラクのクルド人グループに武器支援をし、そのクルド人たちはコバニへ戦うためにやってきた。これはトルコの目にはＰＫＫの武装強化につながると映る――かりにＰＫＫが掃討されても別のグループが残って混乱が続き、トルコとしてはそれらの武器が反政府グループに渡ることを望まないだろう。

# 第二四章　イラクのクルド人たち

我々の眼下の広大な平原を越えてロケット弾と迫撃砲の砲弾がひきもきらずに飛んで来るなか、クルド人将軍たちが戦場を見晴らしている。目前で砲撃の煙が柱となって吹き上がり、ロケット砲の弾が我々の頭の上をかすめ、銃撃の轟音が炸裂し続ける。戦車が唸りを上げて後退し、救急車が砂埃のなかへ突っ込んでいく。

写真家のリックと私は、イラク北東部のディヤラ州ジャラウラの町の近くで、ＩＳＩＳを撃退するために戦うクルド人部隊「ペシュメルガ」の兵士たちと寝食を共にしていた。五日前、ＩＳＩＳがモスルに攻め入り、さらにバグダッドへ向けて進撃を始めたところ、途中でクルド人部隊が立ちはだかったのだった。気温三八度に近い猛暑のなか、両軍は砂塵の舞う平原で二キロを隔てて対峙した。最近敵から分捕った高機能多用途装輪車両《ハンヴィー》が砂丘の尾根を進み、黒旗がはためくのを認めることができた。

両陣営の間は広大な距離があってさながら中世の戦場だった。それぞれが布陣する丘の麓へ向けて弾丸とロケット弾を打ち込み、大口径のマシンガンが平原を飛び越え大地に銃弾を浴びせまくる。鉛筆と紙で弾道を計算してロケット砲と迫撃砲で狙い撃ちにする。

前触れもなくロケット弾が我々のすぐ後ろから頭越しに何発も発射された。それが敵陣に命中するや大歓声が起きたが、決定的な一撃とはならなかったようだ。ＩＳＩＳは装備面ではクルドを圧倒しており、クルド側は防御しつつときどきロケット砲を命中させてから、砂丘の稜線に沿って素早く移動し、またどこかへロケット弾を発射するのがせいぜいだった。

と、突然一機のヘリコプターが我々の上空に現われた――イラク空軍だった。ヘリが旋回するとクルド人からまた歓声がわいた。イラクとクルドの両陣営が手を組むことなどめったにないからだ。ヘリは上空でホバリングしていたが、やおら横腹からミサイルを発射、我々を直撃した――一瞬にして、クルド人戦士が車ごと数百メートルも吹き飛ばされて炎に包まれた。我々は何が何だかわからず、息を呑んで辺りを見回した。パニック状態だった。狂気の混乱のなか、数百人の兵士たちはその場から散り散りになった。私とリックは塹壕《ざんごう》に飛び込むと底にへばりついた。顔は砂塵にまみれ、戦士たちにもみくちゃにされた――しかし無傷では済まなかった。別の車に乗り込んで瓦礫のなかを逃げたが、燃えさかる瓦礫のなかに生存者はいなかった。

二発の〝友好のロケット弾〟で八名のクルド兵が命を落とし、我々は逃げながら怒りと不信をつのらせた。クルド兵たちはイラク軍は意図的にやったと信じて疑わなかった。両者の間に敵意が根強くあることの証左だった。

この日の出来事は、クルド紛争の実態とクルド人が自らをどう見ているかをみごとに表わしていた。

すなわち、軍備も支援体制も不十分なまま時代遅れの武器であらゆる戦線で戦い、ときどき仲間からも不意打ちを食らうのだ。これまで彼らは、サダム・フセイン、トルコ、イラン、イラク中央政府と戦わねばならなかった。そして今やＩＳＩＳと戦い、西側諸国にとってはこの地域における唯一にして真の同盟者となっている。

クルドは世界のどこにも国家を持たない最大の民族集団である。その居住地域はイラク、イラン、トルコ、シリアにまたがり、歴史的に大量殺戮や迫害などむごい仕打ちを受けてきた。一方、紐帯《アイデンティティ》が宗教によらない中東では例外的な集団であり（多数派はスンニ派だが、それ以外にヤジディ教徒、キリスト教徒、そして少数ながらユダヤ教徒もいる）、イラク北部に、民主主義的で西欧化した疑似国家をつくりあげている。

ＩＳＩＳがモスル・ダムとクルドの〝首都〟エルビルでクルド人への攻撃に踏み切ったときは、多くの人を驚かせた。ＩＳＩＳがイラクに進攻した後は、聖地であるカルバブラとナジャフをめざして南下して、最後は最大の獲物であるバグダッドへ向かうものと誰もが信じていたからだ。

ところが理由は不明だが、彼らは北をめざした。イラクのクルドがＩＳＩＳと戦闘中のシリアのクルドを支援しているのが理由だったか、それとも遅かれ早かれ西側の同盟者に戦いに誘い込まれると読んでいたのかもしれない。あるいはその逆で、アメリカを戦いに誘い込むためにクルドを攻撃したのかもしれない。

一度でいいからアメリカに、エルビルとそこで働く西側の人間と石油関連会社を守るために行動を起こさせれば、またアラブの地にアメリカ軍の爆弾を落とさせれば、あるいはアメリカに介入するし

ジャラウラ近くのISIS陣営に向けてロケット砲を撃つクルド軍（2014年6月）。©Photo courtesy of Rick Findler

かないと思わせれば、ＩＳＩＳはアメリカが指導する新しい十字軍という図式を描き出すことができる。そうなれば兵士のリクルートに支障をきたすこともないし、彼ら新兵たちは喜んで〝異教徒〟と戦うことだろう。

## 独立

クルドを叩く以前、ＩＳＩＳはさまざまな形でクルドを支援してきた。クルドの立場からするとＩＳＩＳがイラクに電撃進攻したことは実にありがたかった。それによってイラク軍が瓦解、駐屯地も失ったことで、クルド軍はサダム・フセイン時代からイラク中央政府と支配権争いをしてきた豊かな油田地帯を難なく手にすることができたからだ。サダムはアラビア化政策を徹底的に推し進め、イラクの人口構成を変えようとした。そのためクルド人を殺戮し毒ガスとテロで攻撃する一方でアラブ人を入植させた。つまり、ＩＳＩＳがイラク軍を敗走させたことにより、何十年かぶりにクルドは先祖伝来の土地を取り戻すことができたのだ。

実際、紛争初期、私が話したクルドの兵士たちはおしなべて、ＩＳＩＳはクルド独立のための手段だと考えていた。両者の間には協力協定が結ばれているという噂さえあった。いわく、ＩＳＩＳはイラクの南をめざして進攻する、一方イラク北部のクルドはＩＳＩＳを背後から叩くことはしない。新たに手に入れた領土の境界線を固守することに徹するのだ、と。しかし、土壇場になってＩＳＩＳはクルドに攻撃を仕掛け、クルドもこれに応戦。クルド人は、ＩＳＩＳの侵攻に対してまったく準備ができていなかったことに気づかされるのである。

クルド人たちは数十年もの間、反政府軍として山岳地帯で戦い、時折、サダムの軍に一泡ふかせるちっぽけなグループであった。しかし、ＩＳＩＳの出現により、自分たちの役割を突然見つけた。自分たちは正規軍でありイラクの大地で反乱軍と戦うのだと。もはや、山岳地帯に隠れ潜む必要などない。そしてまた、軍備、軍装の最新化も許されてこなかったが、本来、イラク中央政府はそれを認めるべきだったのだ。だから、自分たちの領地を守るのに悪戦苦闘し続けたのだ。

クルディスタン（クルド支配地区）とイラクの一三〇〇キロにもおよぶ国境は、ＩＳＩＳの軍事戦術にとってうってつけである。ＩＳＩＳの部隊はピックアップ・トラックで移動しながら、さまざまな場所を速やかに偵察することができる。片やクルド軍にはそんな芸当はできない。勇猛果敢なクルドのペシュメルガ兵がＩＳＩＳ軍を押しとどめたと数多の記事に書かれていたが真相は全く違う。クルドはどうにかこうにか彼らの進軍を阻止したにすぎないのだ。

クルドの古参兵たちは勇猛果敢さで知られるが、若いペシュメルガ兵たちにはそれがない。この二〇年間が比較的平和だったこともあるが、クルド軍は腐敗と縁故主義で軍規が劣化していたのだ。私が参加した多くの前線では、未熟な新兵たちが基礎的な訓練を受けただけで、実戦で学ぶことを余儀なくされていた。

「あらゆる面でアメリカの支援が必要だ」とクルドの特殊部隊の一人は言う。「いかにして戦える部隊をつくり、指揮系統をスムーズに機能させ、戦闘を遂行し、団結力を高めるかを、教えてもらわなければならない」。

# 第二五章　クルドの武器市場《バザール》

イラク北部国境地域では武器の売買が繁盛をきわめている。店先で売られているアメリカ軍のM16小銃から闇で取引きされるRPG（携行型対戦車ロケット砲）まで、ありとあらゆる兵器が扱われ、価格も日々変わる。

二〇一四年九月、私はイラク北東部の都市キルクークのクルド人地区にある非合法の武器市場《バザール》を訪れた。そこでは、ありとあらゆる武器を売買する人でにぎわっていた。同様の市場が、この地域の周辺の町では次々と生まれていた。

数十もの商人が通りに店を並べ、客たちを相手に商品の説明に余念がない。多種多様な武器類が、ひっくり返した箱やテーブルに積み上げられたり、壁に吊るされたりしていた。AK（ロシア軍用カラシニコフ自動小銃）、M16（アメリカ軍用自動小銃）、M4（アメリカ軍用カービン銃）、PPG（ロシア軍用携行型対戦車ロケット砲）、手榴弾、暴徒鎮圧銃器、拳銃、大口径砲などをひとまとめで手に入れることができた。

一カ月ほど前、ここでアラブ人による自爆テロがあり、兵士二人と市民三人が犠牲になったばかりなのに、武器市場は場所を変えて続けられていた。

非合法でありながら、武器商人たちが商売をするには営業許可ライセンスが必要で、客は軍だった。クルド軍は自前で武器を調達しなければならなかったが、正規の店で買う余裕のない彼らも、ここならディスカウント品を手に入れることができた。

実際、武器商人によると、アラブと戦っているペシュメルガ兵たちは五割引で、アラブ人（ここは分断都市で多くのアラブ系住民もいた）は立ち入り禁止だった。別の武器商人はこう言ってはばからなかった。「たとえ一〇〇万ドル積まれてもアラブの野郎には銃の一本も売るもんか」。初心者にも使いやすく格安のＡＫ-47小銃にはたいがい製造年が記されていたが、私たちが見たかぎりでは、ほとんどが一九八〇年以前（の旧ソ連製）だった。

しかし、ここでは今もそれが一番人気の武器だ――なぜならＡＫ-47は有名で驚くほど品質がよく、アメリカ製と比べてはるかに安いからだ。それでも価格は、次なる戦闘がどれほど近くて重要なのかによって日々激しく上下する。ちなみに二年前のＡＫ-47は一丁三〇〇ドルだったが、シリアでの紛争が激化すると前代未聞の一五〇〇ドルにまで跳ね上がった。今は七〇〇ドルが相場だが、ＩＳＩＳがイラク北部マフムルを制圧した後は上がり、その後アメリカが爆撃をすると下がった。

イラクの地上軍の敗走でまたまた値段が下がった。突然この地域に武器があふれ返ったからだ。抜け目のない商人たちは武器を買い集めて転売し、住民のなかには武器商人になるものもいた。その多くはアメリカ製のＭ４とＭ16で、クルド兵士たちの間ではステータスシンボルだ。Ｍ16は優れた小銃

イラクのディヤラ地方を見はるかすクルド人兵士（2014年6月）。©Photo courtesy of Rick Findler

だが小ぶりなためM4よりも安く取引される（それは兵士たちの見栄だった）。一丁の相場はM16が三〇〇〇ドル、M4が六〇〇〇ドル。拳銃が一二〇〇〜二五〇〇ドル、RPGがロケット弾一発付きで二〇〇〇ドル、BKCマシンガンが五〇〇〇ドルである。

今やカラシニコフ（AK-47）の銃弾の値段は、需要の増加でほかのそれを追い抜いた。7・62ミリ弾一発は七五セント、いっぽうアメリカ軍用の5・56ミリ弾は五〇セントだ。ハンティングナイフのような細長い店を構えた起業精神旺盛な若者がいた。人々があらゆる武器の買いために走るなか、若者の商売は繁盛している。客は若者から武器を買うと、黒いごみ袋に入れて立ち去っていった。

## 死に立ち向かうペシュメルガの兵士たち

ペシュメルガの古参兵たち、その多くは五〇代、六〇代がクルド軍に再び参加してイラクのＩＳＩＳと戦おうとしている。装備も十分で戦闘で鍛えられた過激派たちの脅威に対して、クルドの古強者《ふるつわもの》は彼らの国境地帯を守るべく大挙して集まってきた。

家族に励まされ義務感にかられて、援軍を求めているクルド軍のためにイギリス、スウェーデン、シリアなど世界中からやってきた。セールスマン、タクシー運転手、レストラン経営者、年金退職者だったクルドの離散の民《ディアスポラ》たちは、いまや銃を携えて若い新兵たちに合流しつつある。

何十年もの間、クルド人たちは山岳地帯で敵と戦ってきたが、新兵の多くは訓練も戦闘経験も不足していた。それでも古参兵に尊敬の念を抱き、それが彼らの士気を高めつつある。トゥズ・フルマトゥの最前線では、古参兵たちが同じ古参のアブドゥラ・ムスラ将軍の指揮の下で再び戦おうとしていた。過去二〇年以上にわたって遠く離れ離れになっていたが、いま再び一つになって新しい敵に立ち向かおうとしていた。

現代クルディスタンの神話的人物、アブドゥラ将軍は〝浅黒いライオン〟の異名で知られ大きな尊敬を集めていた。一九六七年に最初期のペシュメルガ兵となった歴戦の勇士だ。一四度も大けがを負った六四歳の身体は傷跡だらけだが、何年間も山岳地帯で生き延び戦ってきた。今なお情熱をたぎらせ、こう言い放つ。「最後の最後まで一人のペシュメルガでいたい」――文字通り恐れず死に立ち向かう人である。

二〇一四年六月に入って、彼は古参兵たちから再び戦いに参加させてほしいという電話を何本も受け取るようになった。現時点で彼の周囲には、そうして馳せ参じた古参兵が少なくとも一〇人以上はおり、この戦闘地域に展開するいくつかの大隊でも似た状況だった。

どこのモスクでも、老いも若きも戦闘参加を切望する人々で長蛇の列ができている。そんな希望を持っていても入隊できない人もいるし、入隊を認められた人は自分たちで自分の銃を買わされる。

古参兵の体力面について訊ねてみると、ペシュメルガ退役軍人会会長のアブドゥル・カニバルディ（六四歳、彼自身も再入隊した）からは、こんな答えが返ってきた。「銃の扱いは一度覚えたら忘れるものか」。これに別の古参兵が付け加えた。「最後まで戦うだけさ。死ぬのはちっとも恐くない」。彼ら古参兵がＩＳＩＳの攻撃に対する防御戦をしばしば指導した。

だが多くの人は危惧するのではなかろうか。二〇年前の経験だけが頼りで再訓練もしていない老兵を採用したら、軍は間違った方向に行ってしまうのではないか。とりわけ、健全な若者の採用を却下しておいて、と。

ところが、とにかくうまくいっているようだ。若い新兵たちも「彼らは戦力増強になっている」と評価する。また新参の士官たちも言う。「彼らの『英雄たちは常に我々と共にあらん』という考え方に元気づけられるよ。彼らは喜んで英雄たちについて戦場へ行くんだろうし」と。これに対して、ある古参の少尉は若い大佐たちから敬礼を受けながら、こう返す。「階級なんてさして重要ではない、我々の経験に比べれば」。

この独特の傾向は、家族を大事にするというクルドの伝統に深く根ざしている。アブドゥラ将軍の下にはいくつもの小部隊があり、退役兵士は一〇歳以上も若い兵士たちと一緒になる。シェルディル・ルワンジー（四九歳）もその一人だ。イギリスのボーンマスでタクシー運転手をしていたが、六カ月前、妻と義理の母親に励まされ、「人間性を守るための戦い」に参加するため故郷クルディスタンへと戻った。妻にはこう言われた。「あなたが自分の国のために戦わなかったら、外国人に乗っ取られるのよ——子供たちに何も残せなくなるでしょ」。そこで彼は、もう何年も戦闘から遠ざかっていたが、古い友人であるアブドゥラ将軍に電話をかけ、軍幹部の地位に復したのだという。

こうしたクルドの文化は、（噂では毎週金曜日には八〇人以上が処刑されるという）残忍さと実力主義で知られるＩＳＩＳとは対照的である。ＩＳＩＳでは単純に戦闘能力に優れていればトップになれるが、クルド軍では常に縁故主義に阻まれる。この悪弊は、アメリカの支援によって何としても正す必要がある。

## クルドの未来

二〇一四年は、イラク内のクルド人地域政府にとってきわめて厳しい年になった。バグダッド（イラク中央政府）とクルド人地域政府とトルコ政府の三者間にあった、クルド人地域の石油をトルコのパイプラインを使って販売するという取り決めが反故《ほご》にされ、バグダッド政府は国家予算からクルドへ支払われる割り当て分（全歳入の一七パーセント）をストップしたのである。

クルド人地域政府では、膨大な公共サービス部門の支出が月に約七億五〇〇〇万ドルもあり、バグダッド政府に石油取引による支払いを保留されたことで、月を追うごとに借金がかさんでいった。そこへISISが六月に攻撃を仕掛けてきて、軍備へ回す支出が増えた。さらに一五〇万人もの難民(地域政府の人口の二〇パーセントに当たる)への対処が追い打ちをかけた。

この先を考えると、クルド人地域政府はISISから与えられた機会を奇貨として、長期的サバイバルのために二つの協定を結ぶ必要がある。まずはトルコとの関係を、石油だけでなくこの先数十年にわたる天然ガスの取引のために永続的なものにする。もう一つはアメリカと長期的な安全保障協定を締結する。それによってバグダッド政府に頼ることなく、自力で武器を調達できるようになる。

クルドは実に大きな切り札を持っているように思える。すなわち、彼らは中東のまん真ん中に位置しており、アメリカはそこに同盟者が欲しくてならない。一方クルド人たちは西欧化されて親米であり、シリア、トルコ、イラン、イラクの国境にあって、将来は西側諸国の同盟者でありたいと訴えているのである。

二〇一四年九月、クルド人地域政府はワシントンへ外交団を派遣、安全保障協定の提案を行ったが、アメリカがそれを受け入れるかどうかは、いまだ不明である。

# 第二六章　ソーシャルメディア

ＩＳＩＳぐらいソーシャルメディアを上手に活用したテロリスト組織は、いまだかつてなかった。目論見通りのイメージを巧みに発信する能力には驚嘆すべきものがあり、それは彼らの軍事的優位性にひけをとらない危険きわまりないツールであろう。ツイッター、ユーチューブ、フェイスブック、インスタグラム、タンブラーは、彼らの主義主張を普及させるための中心的手段となっているが、一方で彼らの歪んだ内側を知るための貴重な材料も与えてくれる。メールの表現、ビデオに映し出された衣服、音楽、カメラアングルから、彼らの三つの狙いが浮かび上がってくる。それは戦闘員の募集と挑発と恫喝《どうかつ》の三本柱であり、そのすべてがみごとに功を奏している。

ビデオで流された西側のジャーナリストと協力者の首を切る処刑シーンは、世界中の人々の心に深く焼き付けられ、これが世論に影響を与え、オバマ大統領に諍《いさか》いの仲間入りを促すことに一役買った。誰の目にも明らかなように、連中によるこの種の挑発でもっとも悪質なのは、西側諸国によるシリアへの爆撃シーンを流すことで戦闘員の募集に大いに役立てていることだ。同時に、これらの映像がオバマを軍事行動へと駆り立てたと考えるべきではない。いずれにせよ、ＩＳＩＳはもっと早く叩かれるべきであったのだ。

兵士の大量殺戮映像も定期的に流されるが、これは敵を震え上がらせるのに効果を上げている。ＩＳＩＳとの戦闘で三万人ものイラク兵が逃亡しているが、その多くは映像のような目に遭うことを恐れたからだ。ただでは殺されない、さんざん拷問を受けた後に首を切られる、と。なお、驚くことに、大量虐殺の映像だけでも十分恐ろしいのに、ビデオのなかには残虐さを強調するためにさらに編集されたものもあった。

ＩＳＩＳは優れた編集者を集めてメディア部門を立ち上げただけでなく、高度な手法を活用して発信力を高めている。「吉報の夜明け」というアラブ語のツイッター・アプリを開発。それを使ってＩＳＩＳのメンバーたちに大量の「リツイート」を流させると、自動的にトレンド（世界各地で話題になっているキーワードを表示すること）が始まる。つまり人気の高いハッシュタグ（＃）――例えばワールドカップ開催時であれば＃ｂｒａｚｉｌ２０１４や＃ｆｒａｎｃｅなど――がＩＳＩＳにハイジャックされて、人畜無害のイベントをサーチした人の元へも、ＩＳＩＳのプロパガンダが偶然に見せかけて届くという仕掛けになっているのだ。

ＩＳＩＳに共感する世界中の聖職者たちも、ＩＳＩＳの情報を多くの人々に伝えるのに一役買っている。たとえばサウジアラビアの過激派の聖職者ムハンマド・アル・アルフィもその一人だ。昨年、妻への虐待、ユダヤ人差別を発信したことでＥＵから入国禁止処分を受けた人物だが、フォロワーはなんと九四〇万。つまりそれほど多くの人々が、彼の過激な言説に共感しＩＳＩＳを支持するよう呼びかけられたのである。

ＩＳＩＳの宣伝コンテンツは、ウェブにアップされる前に、膨大なメディア関係者とカメラマンによって編集される。（ＩＳＩＳの〝首都〟である）ラッカのある商店主によると、高解像度ビデオカメラの注文がひきもきらず、街では在庫切れを起こしたという。一例を挙げると、この店主はある部隊用に三〇台を購入したいと言われたので、トルコから持ち込んだとのことだ。ＩＳＩＳはメディア部隊を訓練し、無人飛行機や多機能カメラ編集機、そして高度な編集技術を使いこなしているのである。

## 背景

メディアセンター設立のアイデアは「アラブの春」から生まれた。メディアはチュニジアのベン・アリ、リビアのカダフィ、エジプトのムバラクの三人の大統領打倒に大いに活用されたが、非常に機能的なものとなったのはシリアにおいてであった。

シリアでの戦闘（内戦）が泥沼化するなかで、反政府軍が実権を握る各都市にメディアセンターが立ち上げられた――アレッポやホムズやイドリブなどの悲惨な戦闘を取材するジャーナリストたちのための寄合所だった。内戦がさらに危険になると、西側のメディア各社はそれぞれある特定のグループと関係を深めたため、取材映像は彼らのものが中心になる。その結果、こんな非難が浴びせられるようになった。世界のメディアは若いシリア人を使って、危険な取材をさせ、安全にも気を使わず、しかもろくに金も払わないと。

さらに大手のネットワークは、インターネット経由の映像に頼ったことで多くの失敗を犯すことになった。例えばCNNは若い女性が瓦礫から引っ張り出される映像を流したが、それは何年も前のコソボ紛争のものだったと後で判明したのだった。戦場の映像はとにかく膨大な量になる。その結果、プロパガンダの潜在的な力もまた大きくなるのである。

当初、反政府軍のために戦場を撮影したのは一〇代の子供たちだった。彼らを兵士として戦わせるには幼すぎるのでカメラを持たせたという事情もあった。

二〇一二年、写真家のリックと私はアレッポでそんな〝メディアキッズ〟についていったことがある。いずれも一四歳ぐらいの少年で、アサド政権の支配下にある地域に忍び込んでは情報を集め、敵軍の状況をカメラに収めるのが任務だった。ときには反政府軍の戦闘場面をフィルムに収めて別の部隊へ届けることもある。

細身のジーンズをはき、髪を後ろに束ねた彼らは、戦闘のない地域では少年音楽バンドに属していて、特徴は実に大胆不敵ということ。ある日、シリアの反政府軍が政府軍の駐屯地に攻撃をかけたときのことを今でも忘れられない。少年の一人が敵前に飛び込んだ。頭越しに銃撃を受けると、その瞬間を逃さずシャッターを切ってベストショットを物にしたのである。メディアキッズの多くは、こうして銃撃を受けたり爆風に身をさらしたりし、なかにはアサド政権につかまって拷問を受け、殺される者もいた。今、何が起きているのかを世界に知らしめようとした彼らこそ、私が出会ったもっとも勇猛果敢な人々だった。

それから数度の取材行を重ねて、さらに組織化された現場をこの目で確かめることができた。大隊にはそれぞれ一人か二人のメディア戦士がいて、戦闘をそれこそ逐一記録していた。その映像はセンターへ送られ、そこで編集されてから西側メディアと地元シリアのテレビ局へオンラインで配信される。反政府系の地元テレビは数局あって、戦場の映像や目が覚めるような勇ましいイスラム音楽番組などを二四時間流していた。夜の唯一の楽しみはテレビで、私とリックは暗がりに座り込んでは、その週のさまざまな戦闘や自爆攻撃の場面をよく観た。見せ場になると我々の周りにいた地元の人々は必ず「アッラー・アクバル（神は偉大なり）」と叫び声を上げるのだった。

ＩＳＩＳの手にかかると何事もそうだが、メディア戦略も完全に我が物にしてしまった。いまやＩＳＩＳのメディア部隊は、あらゆる戦線で大車輪の活躍を見せている。胸がむかつくほど巧みな広報ツールの一つが、イギリス人ジャーナリストの捕虜ジョン・キャントリーをホストキャスターにしたエセ時事番組である。

彼は視聴者に向かって最新の戦闘を紹介し、海外の新聞記事を引き合いに出しながら、西側のレポートをこきおろす。例えば、クルド人勢力がコバニの町を占領したと西側メディアが報道すると、キャントリーは大手テレビ局のキャスターも顔負けの流暢な語り口でカメラに向かって現地報告をしてみせる。そして「ではまた次回、この番組でお会いしましょう」と締めくくるのだ。

入隊を夢見る明日の新兵たちに対するＩＳＩＳのプロパガンダは、彼らのカリフ統治国建国ネタに終始している。シーア派と外国の敵たちがなした悪魔的な行いを満天下にさらし、彼らへの憎しみと復讐をかき立てる。その上で、スンニの殉教者への「真言」を取り戻し、その栄光に浴することができると締めくくる。

これによって一兵卒は身を奮い立たせることができるが、ISISの指導者たちは本願を成就して権力闘争に打ち勝つために、アラウィー派の〝悪魔たち（アサドたち）〟を片づけなければならない。

## 『ダビク』（Dabiq）

『ダビク』はISISが発行する雑誌で、実にうまく編集されていて手に取りやすく、さまざまな言語にも翻訳されている。編集の基本方針は、ISISの宗派的血筋を確固たるものにすることで、そのために自らの正統性と異教徒たちの罪悪が執拗に展開されている。また定期的に彼らが是とする政治制度と法規も説明がなされる。ISISが古株の聖戦組織に対抗するためには、自らの正統性を証明する必要があるが、『ダビク』は世界に向かってそれを確実に説いている。

『ダビク』は、イスラムと〝ローマ帝国〟との最終決戦の地とされるシリア北部の町の名前から命名されたことからもわかるように、ISISにとってきわめて重要な役割を担っている。同誌に掲載されている多くの記事、フォトストーリー、インタビューは、いずれも彼らが近いうちにやって来ると信じてやまない最終決戦に関係するものばかりだ。一方、表紙は、しばしば西側世界を象徴する図像《アイコン》——例えばヴァチカンのサンピエトロ広場やアメリカ軍兵士が負傷した同僚を運ぶシーン、ノアの箱舟など——が飾っている。

アレッポでの戦闘を写真に撮って、銃撃から逃げる10代の少年。©Photo courtesy of Rick Findler

## 宗教的プロパガンダ

山岳の隠れ家からロバを使い、陸路、アルジャジーラのオフィスまで運ばれた、不鮮明で雑音の入ったあのオサマ・ビン・ラディンのビデオテープ。それとＩＳＩＳの指導者バグダディがテレビに初登場したときの映像とを比べると、まさに雲泥の差がある。

バグダディの映像は二〇一四年七月四日、アル・ヌーリの大モスクでモスルの住民に向かって熱っぽく説教をしているシーンで、実に鮮明である。

モスクの内外に据えた五台の高解像度カメラで撮影し、劇場並みの演出をしたものだ。カリフの伝統的衣装を身にまとい、頭には黒いターバンを巻いていたが、それはムハンマドがメッカを征服したときと同じ格好とされる。バグダディは自らがなすべき宗教的義務を記した文言をコーランから引用したが、語り口は完璧なアラビアの古語で、これまた預言者ムハンマドが持っていたとされる細い木の棒を手にしていた。

細部にまでこだわったのは、西側諸国と対抗して自らのカリフ統治国を打ち立てられると彼の追従者たちに確信させるためだったが、結果は申し分ない二一分にわたるビデオに仕上がった。それ以後、バグダディの声は何度か流されているが、映像はこれが最初で最後である。

## ソーシャルメディア

ＩＳＩＳの外国人戦闘員にとって、ソーシャルメディアは、それ以前の戦闘と比べて大きな役割を果たした。前述した（テレビや雑誌などの）オフィシャルなコミュニケーション・チャンネルと比べて、ソーシャルメディアはリアルな情報《インフォメーション》をもたらし啓発《インスピレーション》を促すものである。ＩＳＩＳの占領地内部で撮影された何本かのビデオによると、（厳密な統制下ではあるが今も営業が認められている）当地のインターネットカフェには、長蛇の列ができている。そんなビデオの一本にカフェの一室を映したものがある。頭のてっぺんから足元までニカブをまとった女性たちが集まり、インターネットを通じて全員がフランス語で故国の家族と会話を交わしているのだが、そのうちの一人がＩＳＩＳ下での暮らしをよしとして母親にこう言い放っている。「私は幸せよ――絶対に帰るつもりはないわ」。

ＩＳＩＳには西側諸国から戦闘員たちを呼び寄せるためのテレビ局があり、その番組はアル・ハヤート・メディアセンターで製作されている。同メディアセンターのロゴは、権威を与える狙いからかアルジャジーラのものにそっくりだ。

アル・ハヤート・メディアセンターはドイツ語、英語、フランス語による海外放送で、ＩＳＩＳがいかに素晴らしいところかを発信するのが目的である。例えば「ようこそ、わが祝日へ（イード・グリーティングス）」という番組では、さまざまな国から来た戦闘員たちが、いかにいい待遇を受けて満足しているかを語って、「同胞たち」に参加を呼びかけるというものだ。ちなみにイギリス人兵士は、こう語りかけている。「このハリファの土地より暮らしやすいところなど考えられないぜ」。

また「ムジャツイート」という動画シリーズでは、戦闘の最中のほほ笑ましいシーンが巧みに切り取られて紹介されている。例えば、ＩＳＩＳの戦闘員が子供たちに綿菓子を渡していたり、ドイツ人兵士が満面にほほ笑みを浮かべながら子守唄を歌って聞かせていたり、子供たちが銃で遊んでいたり、あるいは移動遊園地ののどかな情景だったりだ。こんな戦闘に参加できるとは（古くから中東で愛されてきた）麝香《じゃこう》の香りを嗅げるほどの幸せではないかと言いたげである。

一方で、殺戮シーンの静止画と動画も、外国人新兵たちには受けがいい。外国人戦闘員が登場するなかでもっとも残忍で血なまぐさいのは、先輩兵士たちが四肢を切断された敵の死体を誇らしげに踏みしだいているもので、自らオンライン上に投稿した。その一人、イギリス出身のアブデル・バリー（ジハーディ・ジョン）は、シリアでの血沸き肉躍る体験をツイッターで公開、例えば胴体から切り取られた敵の首をぶら下げて、それにこんなコメントを付けている。「相棒とマッタリしてるぜ。これ、あいつが残していったものさ」。

こうした外国人戦闘員によるソーシャルメディアの活用は、外に向けての重要なプロパガンダツールになるだけでなく、出版物への有用な素材提供にもつながる。また、外国人戦闘員たちは写真や映像をシェアしている。単なる処刑シーンだけでなく、おそらくよい生活、美食、そして殺戮を楽しんでいる様子などだ。こうした写真や動画は、徴兵にもとても役に立っている――聖戦戦士たちにあこがれる人々に、ほらここに本物がいる、彼らができるんだから君も同じことができるといった具合だ。

イギリスのポーツマス出身のレイアード・カーン（二〇歳）は、食卓の上にシチューとライスを並べた写真に、こんなコメントを付けてシェアしている。「アメリカはＩＳＩＳを撲滅にかかっているが、我が方は反撃して前進あるのみ。＃ＩＳＩＳ」

また彼は、スーパーでヌテラ（チョコレート菓子）を買っている写真と共に、西側を嘲るコメントを付している。「アメリカの空爆にビビったので、ヌテラを買って、俺のか弱い心臓を慰めてやったよ」。ソーシャルメディアがいかに外国人戦闘員たちに深く根付いているか。それを知るためには、シリアで夫と暮らすカディージャ・デアと名乗る二二歳のイギリス人女性による、今風の超短縮ツイッターを見てみよう。「イギリスをビビらせよう。アタシはイギリスかアメリカのテロリストを殺《や》る最初の女になりたい！」。

あまりに残忍なので、ＩＳＩＳの公式ツイッターアカウントやユーチューブの動画を削除しようと、協力して事に当たっているが、削除されてもすぐに新しいものがアップされ、テロリストのネットワークを通じてあっという間に拡散してしまう。メッセージの拡散がこんなに容易な時代は、今までなかった。

ＩＳＩＳはジャーナリストたちに対してＩＳＩＳの規約に従うことを求め始めているが、茶番もいいところだ。以下に彼らの検閲の世界において従うべき規約を掲げる。

## ジャーナリスト・ルール

1．特派員はカリフである（アブ・バクル）アル・バグダディに忠誠を誓わなければならない。特派員はＩＳＩＳの臣下であり、臣下としてイマーム（導師）に忠誠を誓わなければならない。

2．特派員は（ＩＳＩＳ）メディア局の厳重なる監督下に置かれる。

3．ジャーナリストは国際的ニュース・エージェント（ロイター、ＡＦＰ、ＡＰなど）から直接仕事を請け負うことはできるが、すべての国内外の衛星テレビ局との仕事は避けるべきだ。ＩＳＩＳに関わる資料を外へ持ち出してはならない。また前記テレビ局と（音声提供であれ画像提供であれ）接触してはならない。

4．ジャーナリストは、ブラックリストに掲載したイスラム諸国に敵対的なテレビ局（アルアラビア、アルジャジーラ、オリエントなど）とけっして仕事をしてはならない。これに違約した場合はしかるべき責任を取らねばならない。

5．ジャーナリストは、（ＩＳＩＳ）メディア局に確認を求めなくても、執筆あるいは静止画像によって統治領域内の出来事につき取材をすることができる。記事あるいは写真を公表する場合は、当該ジャーナリストや写真家の氏名を明記しなければならない。

6．（ＩＳＩＳ）メディア局の許諾なくして、ルポルタージュ（印刷物であれ映像放映であれ）を公表することはできない。

7．ジャーナリストは、自身のソーシャルメディアのアカウントとブログを持つことができ、それを使ってニュースや写真を周知することはできる。しかし、（ＩＳＩＳ）メディア局に上記アカウントとブログのアドレスとハンドルネームを提示・報告しなければならない。

8．ＩＳＩＳ国内で写真撮影する場合はそれに関する規約事項を順守し、禁止の対象とされる場所ならびに安全保障に関する出来事の撮影はしてはならない。

9. （ＩＳＩＳ）メディア局はＩＳＩＳ国内ならびに当国メディアにおけるジャーナリストの仕事について、注視を怠らない。規約違反が認められた場合、当該ジャーナリストは活動を中止してしかるべき責任を取らねばならない。

10. 当規約は暫定的なものであり、状況の変化により、またジャーナリストと（ＩＳＩＳ）メディア局との協力関係の程度によって変更されることがある。

11. ジャーナリストは、（ＩＳＩＳ）メディア局にライセンス申請をし、それが与えられた後、仕事をすることができる。

# 第二七章　ほかにもいるＩＳＩＳの支援者たち

これまでＩＳＩＳは、一匹狼《ローンウルフ》たちに世界中で決起を促すだけでなく、ほかの聖戦《ジハード》組織とも手を結ぶことによって、より幅広く、そしてより遠くへとその触手を伸ばしてきた。さまざまな過激派グループの指導者たちと話し合いを持ち、また勢力の拡大を企図してパキスタン、エジプト、リビアを含む多くの国々へも密使を送り込んできた。

そうした試みは、名を上げたがっている小さなグループに対してはそこそこの成功を収めたが、ＩＳＩＳにとって世界的なライバルである（アルカイダ系やタリバン系のグループなどの）メジャーどころからは、いまだに存在意義を認めてもらえず、カリフ統治国としての権限の認定も受けられていない。覚えておくべき重要なポイントは、ＩＳＩＳ流の〝カリフ統治国〟を首尾よく輸出し、自分たちの成功を海外で再現させるためには、かつてシリア・イラクであったような完璧な条件が必要となるということだ。すなわち、（イスラム）国家が内部崩壊して不安定の極にあること、勝手に自分のものにできて存分に利益を得ることができる資源があること、その資源を売りさばく手段やルートがあること、そして奪い取ったものも含めて武器の隠匿場所があること、である。これらの条件がなかったら、彼らはテロリストのちっぽけな一派にすぎず、ましてや疑似国家を名乗ることなどかなわないだろう。

そんな厄介な状態にある場所など世界中を探してもめったにないが、ただ一つその条件を満たしている国がある。それはリビアだ。リビアは間違いなく内部崩壊した国家であり、すでにさまざまなイスラム過激派に入り込まれている。もはやこの国には統治者はおらず、民兵たちに牛耳られ、正式な政府は首都のトリポリを捨てるはめになった。今、政府は比較的安全なトブルクという港町に居を移し、首都をはじめ国内の至るところでイスラム過激派の民兵たちの跳梁《ちょうりょう》を許している。

シリア・イラク国境地帯と同様、リビアには膨大な石油資源があり、広大な土地と長い海岸線があっていくらでも密貿易ができる。我々の見るところ、石油資源はＩＳＩＳだけではなく、それ以外のイスラム過激派民兵に乗っ取られている。また、カダフィ時代からの武器庫がたくさん残され、二〇一一年の革命を支援するために湾岸アラブ諸国（中心はカタールだった）から大量に送られた武器もリビア国内には残っていた。そして、何よりも懸念されるのは、過激派を支持する国民が多く、日に日に混沌《カオス》と無秩序が増していることだ。

こうした条件こそ、まさにシリアでＩＳＩＳの台頭を許した元であり、彼らはすでにリビアでも手始めにエジプト国境に近いデルナという人口一五万の町を支配下に収めた。ＩＳＩＳがリビアに登場するのは二〇一四年の九月だが、それまでイスラム系「マグレブのアルカイダ（マグレブ＝アフリカ北西部、モロッコ・アルジェリア・チュニジア・リビアを含む地域）」の系列にあった当地の民兵たちは、ＩＳＩＳへ忠誠を誓った。そのときデルナの広場で数百人の戦士たちがＩＳＩＳの指導者であるバグダディに忠誠を誓うシーンがユーチューブで流されたが、もともと彼らはイスラム青年シューラ評議会という戦闘的なグループの出だった。

想像するに、イスラム青年シューラ評議会はＩＳＩＳと同様残忍で、おそらくデルナのサッカースタジアムで公開の首切り処刑やむち打ち刑を楽しんでいると思われる。現時点では小さなグループであり、それ以外にもＩＳＩＳに忠誠を誓わない聖戦組織もあるが、ヨーロッパの対岸にある国の存在としてはやはり脅威である。リビアのＩＳＩＳの戦士たちは隣接するアフリカ諸国からの参加者が多く、これは連中のシリアにおける過激派育成の再現を思わせる。

アフリカに展開する米軍の総司令官であるデイヴィッド・ロドリゲス将軍は、リビアにおけるＩＳＩＳの訓練キャンプの存在を認めて、こう述べている。「ＩＳＩＳはリビアから東へ触手を伸ばして要員を呼び込もうとしている。現時点での目的は、訓練と兵站《ロジスティクス》支援であり、大規模な司令部の存在と組織展開は確認されていない」。

たしかにそれは確認できていないが、忘れてはならないのは、二〇一二年に起きたテロ事件に対するアメリカ政府のお粗末な読み間違えである。そのせいでクリストファー・スティーブンス大使ほか三人が殺されたではないか。この事件をしっかりと肝に銘じて、リビアの状況をこれ以上悪化させてはならない。

## パキスタンとアフガニスタン

パキスタンとアフガニスタンは、ＩＳＩＳにとって最優先のターゲットである――彼らの支配地域を拡大するのに欠かせないというのではなく、この二つの国はテロリストの登竜門であり、聖戦の故郷と考えられているからだ。もしＩＳＩＳが策を尽くしてこの地でしかるべき地位を占めることができれば、世界の聖戦にアルカイダのライバルとして名乗りを上げることになり、兵員調達の巨大な草刈り場にアクセス可能となる。

そうだからこそ、世界中のイスラム原理主義者の間で闘わされているイデオロギー闘争が、パキスタンとアフガニスタンでもっとも熾烈《しれつ》に見えるのである。アルカイダを導師としてあこがれて育った若き聖戦戦士たちは、実際に凱歌を上げていることでＩＳＩＳを真の実力部隊として驚きを込めて認めつつある。ＩＳＩＳとバグダディが成し遂げたことは、彼らこそが聖戦の唯一無二の代表であるとこの地域の人々に直接訴えるに足るものだった。

パキスタンとアフガニスタンでは、ＩＳＩＳの主義主張《イデオロギー》に追随する者が確実に生まれつつある。その証拠に、彼らの旗をマーケットや通りやバザールで見かけるようになった。しかし、まだ旧来のグループから権力を奪い取るところまではいっていない。それはこの先、変わるかもしれないが、今のところ、タリバンのリーダーでＩＳＩＳに与《くみ》しようとするものはほとんどいない。そこには、パキスタンとアフガニスタンでは聖戦をめぐって、長年にわたるタリバン内の派閥抗争に政府との確執も加わった複雑な事情があった。したがって、ＩＳＩＳがこの地に足がかりをつくるのは至難の業といえよう。少数派のタリバンのリーダーの何人かには忠誠を誓わせ、アンサル・ウル・ダウラテ・イスラミア・フィル・パキスタンという組織とも連携協力関係を築き上げたが、現在のところは、これで兵員調達が功を奏しているとはいえない。もっともアメリカのアフガニスタンからの完全撤退で、状況は変わるかもしれない。

## その他のフランチャイズ

リビアの国境を越えたエジプトでも、二つの過激派グループとどう折り合いをつけるかに悩まされている。二〇一三年、それまでムハンマド・モルシ（ムルシー）に指導されて政権の座にあったムスリム同胞団がシシ将軍によって打倒されると、エジプトは過激派の掃討にかかった。しかし、ムスリム同胞団はいまだ多くの支持を得ており、特にシナイ半島では勢力を保っている。また、市民や兵士たちを躊躇なく殺害するもう一つの過激派アンサル・ベイト・アル・マクディスも、ＩＳＩＳとの連携をうたっている。アンサル・ベイト・アル・マクディスの実態については、二〇一一年あたりに結成されたこと以外よく知られていないが、すでに数千のメンバーがおり、外人部隊と地元のベドウィン族で構成されているといわれる。

当初彼らはイスラエルを直接の攻撃対象にして、国境付近からロケット弾を撃ち込んでいたが、最近はカイロ市内やヨルダンからの石油パイプラインを攻撃したり、東部地方で道路に爆弾を仕掛けたりしている。ムスリム同胞団は第一次エジプト革命（一九二二年）から生まれたグループで、いまや「恥辱に満ちた平和と呪われた民主主義など続ける意味はない」とツイッターで宣言している。

アルジェリアでは、かつてはイスラム系マグレブ地域のアルカイダの一分派であったジュンダル・カリファがＩＳＩＳに合流し、「アルカイダは真の道から外れてしまった」と主張している。またそれ以外の、フィリピンからインドネシアに至る地域でも、小さな過激派グループがヤフヤという名で連携の動きを見せている。

# 第二八章　この先に何が待ち受けているのか

トルコの難民キャンプで、一三歳の少女が描いたこんな絵を見た。墓には何人もの死体が折り重なっていて、その傍らには壁に人の首が掲げられ、戦車が花に向かって砲弾を撃ち込んでいる。絵の下には「むかしシリアという美しい国があったが、悪魔に乗っ取られ、いまや人々はひどい苦しみに遭っている」と記されている。少女はこう言いたいのであろう。「私の国と私の人生がつらく悲しくてたまらない」。

シリアの内戦、アサド体制、そしてISISが一つになって、数百万の人々を生まれ故郷から追い立て、これが紛争を絶望的にしている。周辺諸国には残酷で悲惨な体験を持つ男と女と子供たちであふれ返っている。彼らの多くにとってこの事態はこれからも未来永劫《みらいえいごう》続き――子供たちにとってはこれっぽっちの希望もない。

難民キャンプの生活は過酷きわまりない。夏の数カ月はテントのなかはサウナ状態となり、冬は冬で耐えがたい寒さに襲われる。テントは雨、雪、汚泥にやられて、原始的な汚物処理システムは支障をきたして排泄物があふれている。子供たちはこの汚泥のなかで遊ぶことしか知らずに大人になり、年寄りはただじっと座って外を見ながらこの暮らしを耐え忍ぶしかない。

キャンプの実態を読者に想像してもらうことは、どうやっても無理であろう。第二次世界大戦以後で、これほどの大脱出（エクソダス）はなく、しかもその数は増えつつある。

あるキャンプでは、トイレは一五〇人に一つで、一張りのテントに一五家族が住んでいた。食料が届くのはたまにで、汚れた水しかない。想像を超える〝ないない尽くし〟の暮らしにもかかわらず、現地を歩いてみると彼らの生命力には驚かされる。

彼らはすべてを――土地も家も家族も国も失った。もはや持てるものはほとんどなく、また与えられるものもわずかなのに、キャンプに行くと、ほとんどといっていいほどテント一軒一軒に招かれてお茶の接待を受ける。それどころか、笑顔でなけなしのパンと残り最後の料理を分けてくれる。人が来てくれること、覚えていてくれること、自分たちが生きていることに感謝している。そして誰もがこう言う。我々よりもっとつらい目に遭っている人がどこかにいる、と。

多くの難民たちから、死んだり、戦闘に戻ったり、行方不明のままだったりする家族の写真を見せてもらうが、彼らにとってもっとも悲劇的なのは、ほとんどの人がこの先に希望が見出だせないことだ。悶々と物思いにふけって時間をつぶす以外にやることがない、煉獄《れんごく》に閉じ込められているようなものなのだ。

二〇一五年一月現在で一二〇〇万人もの人が、無一文で家を失い他所での生活を余儀なくされている。これはシリアの人口の半数――居住面積にして国土の半分に当たり、その多くは子供たちである。

そのうちレバノンに一二〇万人、トルコに一六〇万人、ヨルダンに六〇万人、イラクに三〇万人が流入し、これらの国々では緊張感が高まっている。

私が出会った一〇歳の少年は友達と遊ぼうとせず、「僕は男だ。銃をくれ、戦いたい」と教師に繰り返し訴えた。また一二歳の少年は、ＩＳＩＳの死体を自分の兄弟たちと同じように火あぶりにしたいと言った。彼は良心の呵責など微塵《みじん》も見せず、ひたすら殺すことを望んだ。

ＩＳＩＳをこの世界から撲滅するためになすべきことがもっとあると私は確信している。連中は厄介な病いを増殖しつつある。チャンスと可能性があれば行動に移さなければならない。これまで何度も述べてきたように――何もしないという選択肢は我々にはない。

# 第二九章　結論——問題の解決策とは

本書を書き始めたときから、この問題の解決策を考え続けてきた。しかし、ここに至っても、その解答はこうだと一言で言えそうにない。恐怖、暴虐、蛮行も解決を妨げる要素の一つではあるが、そもそも、この地域の地政学的課題と軍事的選択肢とが全くかみ合っていない。

いくつかある解決策には、それぞれ一〇〇の問題点がある。さらに一〇〇の決着があったとして、どれ一つも事の最終解決にはならないかもしれない。それでも解決策を求める努力をしなければ、それは見つけられない。ここでも「何もしない」は最悪の選択肢でしかない。

外交政策の最大のネックは、四年（あるいは五年）に一度の選挙から生じるさまざまな事象である。しかし、外交で真に実効ある成果を出すには、五〇年、いや一〇〇年のサイクルで物事を考える必要がある——つまり手っ取り早い解決策などありはしないのだ。教育の底上げ、宗教と政治の分離、そして民主主義を推し進めるための外交政策はきわめて重要だが、片方で中央集権的な政府は多くの部族国家でうまく機能しないかもしれないという認識も持ち、そうした部族同士の差異が埋められない場合は、この地に連邦国家を模索することも視野に入れなければならない。

## 1 オバマの戦略

ＩＳＩＳは軍事的に見ていずれは消滅するだろう――しかし、それに手間取ると、将来の紛争の種をまくことになる。アメリカのジョン・アレン将軍は、進むべき道筋をこう示した。「軍事作戦を展開する、外人部隊の流入を止める、金融制裁を実施する、人道支援を行う、ある主義《イデオロギー》を金科玉条にさせない」。すべて必須かつ有効ではあるが、時間がかかりすぎて、その間にＩＳＩＳが根を張って、子供たちを洗脳し、国土を荒廃させてしまう。したがって、より多くのことをより速やかにやらなければならない。

オバマの政策の一つはテロリズム対策のようだが、長期的な解決策とはとても思えず、ＩＳＩＳを封じ込めて弱体化させているうちに、何かよい策が出てくることを期待するというくらいのものでしかない。だが、深く進行する問題に対処しなければ、状況は悪化の一途をたどって、遅かれ早かれ再び深刻な事態に直面することとなる。

オバマの「事なかれ《レッセ・フェール》」の外交姿勢には、つまるところ、事はあの地域の権力をめぐる問題であって自分とは関係ないと思っているふしがほの見える。しかし、私はそうは思わない――これは我々の問題であるし、あの地域の権力者たちに中東を仕切らせてはうまくいかない。積年にわたる二つの敵、サウジアラビアとイラン（スンニ派とシーア派）は、互いに相手を殲滅《せんめつ》するまで戦いをやめない。その結果、何百万もの人命が失われる。我々はそれを座して見過ごすわけにはいかない――世界中に波及するのだからなおさらだ。

爆撃によってＩＳＩＳを除去することはできない。彼らを占有地から追い出すことはできても、根絶やしにすることはできない。そうするには「特殊部隊《スペシャル・フォース》」が必要である。我々はためらうことなく地上での局地戦に打って出るべきだ。なりふりかまっている場合ではない。クルド人やヨルダン人や自由シリア軍やスンニ派の部族など、ＩＳＩＳ周辺の人々との連携が不可欠である。

オバマはアサドとＩＳＩＳを共に放逐すると口では言っているが――決定的なことは何もやっていない。本気ならばＩＳＩＳに敵対するグループを支援して空白地をなくすべきなのに、それすらしていない――それどころか反対に彼らから遠ざかろうとしている。

状況を好転させるためには、我がアメリカ合衆国は、シリア周縁の身元がしっかりした反対勢力を訓練し支援し続けなければならない。さもないと未来永劫この地域に対する発言権を失ってしまう。アサドとＩＳＩＳの撲滅を唱えたところで、しかるべき後継者を用意しておかなければ、単なる「自滅の策」以外の何物でもない。

ある有力な軍関係者の情報によると、オバマ政権は対シリア戦略の見直しを真剣に検討するなかで、ＩＳＩＳの前にアサドを倒すべきであると判断するに至ったという。ケリー国務長官の配下たちは、今やその方向に舵を切ろうとしているのに、オバマ一人が首を縦に振ろうとしないのだと。

さらに重要なことは、アサドを支持しているイランの動向である。私は、アメリカが介入すればイランはアサドと縁を切ると信じている。イランはきわめて功利的《プラグマティック》なので、アメリカが本当に軍事行動に移ればアサド政権を支援することはないし、外交的な解決策を模索するだろう――その選択肢の一つとして、アサドを権力の座から追放し、その後釜として連邦国家を打ち立てるという策もあるはずである。

## 2　イラクを連邦国家へ

おそらくイラクは（有志連合の支援を受けて）地上戦でＩＳＩＳを壊滅に追い込むだろう――実際それは実現しつつある。イラク軍は（他国の支援を受けて）、徐々にではあるがアンバール県の西部を回復し、クルド軍もモスルの北部へ進攻している。ただしこうした状況は一気には進まないし（特に都市部においては）、地上戦における西側諸国の支援なくしては進まず、さらに数年はかかるだろう。

その理由は、ＩＳＩＳがイラクで敗北を喫しても、その後に平和が続くことを意味しないからである。越えがたい宗派間の分裂と対立が残るからだ。イラクに明るい未来をもたらすためには、私は連邦制度を導入すべきだと考えている。すなわち、この国を三分しているスンニ派、シーア派、クルドの三つの勢力に統治領を分けるのである。

## 3　アサドを解任し、トルコと連携する

シリアの戦闘とそれがもたらした混沌《カオス》は、アサド大統領の暴政の産物である。私の知るかぎりでは、

ＩＳＩＳの地上戦闘員は三万人強、これに対してアサドを支持しない住民は一七〇〇万人もいるといわれている。

それゆえ私は、シリアの未来は、これらの市民の手中にあると信じてやまない。彼らは戦争に辟易《へきえき》し、厭戦《えんせん》気分を抱きながら、ＩＳＩＳの暴虐ぶりに対してなすすべがない。そんな人々をその気にさせて立ち上がらせるためには、取るべき選択肢は一つしかない。アサドの解任である。アサドが解任されれば、もはや市民たちが反政府グループと戦術的な連携を続ける理由もなくなる。

アサド解任には、トルコの参戦を促すというもう一つのメリットもある。これまでトルコは、西側諸国への協力の姿勢は渋々であったものの、現実的には西側に立ってきたし、まずはアサドが解任されなければ、自分たちにとって利益はないと考えていただけである。アサドが去りトルコが参戦すれば、国境を封鎖することができ、聖戦の戦士たちが石油を売ることを阻止できる。そしてアメリカは基地を使えるようになり、トルコは有志連合に積極的に加わるかもしれない。ただし、ＩＳＩＳから難を逃れる人々が移動できるよう国境に安全地帯を確保するという案もあるが、それはかなり先のことになるだろう。

それ以外にもトルコが果たすべき重要な役割は、飛行禁止区域の設定を支援することである。つまるところアサド政権は空軍力に依拠している。ロシア製の優秀な防空システムがあるといわれるが、複数の政府高官の話によると、有志連合の戦闘機には大した脅威ではないという。近いうちにアサドは力を失い、その威光も消え去るだろう。

## 4 宗教改革

ＩＳＩＳは軍隊ではない――主義《イデオロギー》である――とすると、どうすればそれを撲滅することができるのか？　ある面から見ると、我々が生きている間には、ＩＳＩＳ（あるいはイスラム原理主義）を真の意味で打ち負かすことはできないと言わざるを得ない。自分たちが行う、あるいは相手から受ける破壊は彼らにとってはかえって糧になるからだ。破壊が進めば進むほど、内側の結束は固まって強くなる。この世には、他者の悲劇を生きる糧にする狂信者たちが常にいるものだ。

これからも一万五〇〇〇人の怒れる聖戦の戦士たち、主義を曲げないＩＳＩＳの信奉者はいなくなることはない。投降したところで悔悛《かいしゅん》などせず、ある日また事を起こすために闇のなかへ姿をくらます。こうした脅威は常に消えてなくなることはないだろう。

しかし、我々は、次のことに大いに想像力を働かせるべきではなかろうか。中東は宗教改革に向かう途上にある。ヨーロッパが一六世紀と一七世紀にかけてなしたのと同じように。ＩＳＩＳは狂信的なイスラム教徒によってつき動かされてきたが、暴虐非道ぶりで、その力は必ずや腐って衰える。大多数のイスラム教徒たちに言わせれば、ＩＳＩＳはイスラムの未来を大きく傷つけており、必ずやその報いを受けるだろう。確かに宗教改革には長い時間がかかる――だが、ヨーロッパでは一五二〇年代の異端審問に始まり、宗教の名を借りた異端審問官《カウンセルマン》の残忍きわまりない迫害の後に実現できたのだ。ローマ教皇体制（さしずめ現代では聖戦の精神的指導者がそれにあたるが）の腐敗、ナショナリズムの台頭、そしてルネッサンス……。こうした歴史的出来事をイスラム世界に再現しなければならない。

ひょっとすると、私たちが見ている中東は、ゆっくりだが近現代社会へ歩みを進めている進歩の途上にあるだけなのかもしれない。しかし、ひょっとするとその反対に、いっそう過去へと逆戻りしつつあるのかもしれない。数百万の命のためにも、前者であることを望まずにはいられない。

# 終章《エピローグ》　シンジャール山での悲話

三五歳の女性ラニールは見知らぬ人の助けを借りて娘を埋葬した。九月のことだった。地面は簡単に掘れた。病院から娘の遺体を運び、穴を掘り、そこへ横たえると、シーツでくるみ、石で覆った。ラニールは数日間、家族の写真を持って、避難民に尋ねて回った。「この男の人をどこかで見たことはないかい。この女の人をどこかで見かけたことはないかい」。彼女に手を差し伸べてくれる人はもう誰もいない。彼女は一人ぼっちで、望みなど何もなく、ただ死を待つばかりだった。

埋葬の前日、イラク北部の彼女の住まいをＩＳＩＳの砲弾が直撃した。屋外の石油の缶に爆弾が当たり爆発が起きると、爆弾の破片を受け娘は瀕死の重傷を負った。彼女は二〇歳になったばかりだった。ラニールは、とにかく娘の出血を止めてもらおうと急いで病院へ運び込んだが、その間じゅうも砲撃は雨あられと続いた。

彼女が病院で目にしたのは混沌《カオス》そのものだった――床の上では大勢の人が血を流しながら助けを求め、医者もごくわずかしかいなかった。しかし、幸運なことに娘は病室に運ばれ、稀少な輸血のバッグをつけてもらい、応急処置が始まった。と、そこへＩＳＩＳたちがやってきたのだ。

彼らは病院に着くなり、床の負傷者たちを銃撃しながら、治療が必要な同僚戦闘員を運び込んだ。ラニールは物音で連中が来るのがわかったが逃げ場所などない――まして娘は動くこともできない。

ＩＳＩＳがドアを開けて入ってくるのをラニールは止めようとしたが押しやられた。慈悲を乞うたが、連中は彼女を殴り倒すと、娘から輸血のチューブを抜き取って床へ投げ落とした。そこでそのまま娘は血を流し続け、母親の腕の中で息絶えた。その間、男どもは医者に銃を突きつけながら仲間の治療に当たらせた。

それからしばらくして男どもが去った後、彼女は我に返った。病院の廊下は死体が転がり血のりに覆われていた。まだ息のある人は這いずり回っていた。彼女は娘の遺体を運び出そうとしたができない。するとそれを見た人が助けてくれ、自宅まで車で運んでもらうと娘をそこに埋葬して、彼女はたった一人になったのだ。しばらく辺りをさまようちに難民たちと出会い、シンジャール山のキャンプへとやってきた。そこで私は彼女からＩＳＩＳによってひどい目に遭わされた話を聞くことができたのである。

彼女の望みはいまや死ぬことだった――どうすればクルド人のように毒ガスで殺してもらえるか。どうすれば生き永らえずこの苦しみを味わわずに済むか、と。もちろんいつか誰かがやってきて連中の蛮行を止め、彼女や他の難民を救い、亡くなった人たちを返してくれるにこしたことはない。しかし彼女にはそんなことが起きるとはとても信じられなかった。

もしＩＳＩＳをとことん撲滅すること、また我々がそうなるように努力しなければいけないこと、こういったことをする必要があるのかと疑っている人がいたら、このラニールのような人々の物語にぜひとも耳を傾けてほしい。彼らと彼女らはすべてを奪われ、今も助けを求めて叫び続けているのだ。

# ＩＳＩＳ関連略年表

| | |
|---|---|
| 2001年9月 | アメリカ同時多発テロ発生。 |
| 10月 | アメリカ軍がアフガニスタンのタリバン政権を報復攻撃（アフガン戦争）。 |
| 2003年3月 | アメリカ・イギリス軍によるイラク空爆始まる（「イラクの自由作戦」）。 |
| 4月 | イラク・フセイン政権崩壊。連合国軍によるイラクの占領統治始まる。 |
| 2004年 | アンマンのホテルを爆破したヨルダン出身のテロリスト、ザルカウイ容疑者、オサマ・ビン・ラディンに忠誠を誓うテロリストグループ「イラクのアルカイダ（ＡＱＩ）」をイラクで結成。 |
| 2005年 | ザルカウイ、ＡＱＩを発展的に解消して「イラクにおけるイスラム国（ＩＳＩ）」を組織、これが現ＩＳＩＳの原型となる。後のＩＳＩ指導者アブ・バクル・アル・バグダディがバグダッドで逮捕され、キャンプ・ブッカに収容される。 |
| 2006年12月 | フセイン元大統領の死刑執行。 |
| 2009年9月 | バグダディ、キャンプ・ブッカの刑務所から釈放される。 |
| 2010年7月 | カリフを自称するバグダディ、ＩＳＩの実権を握る。 |
| 2011年 | 1月　「アラブの春」により、チュニジア政権崩壊。2月　エジプトのムバラク政権崩壊。8月　リビアのカダフィ政権崩壊。 |
| 2011年4月 | シリアで大規模な民主化デモ発生、事実上の内戦に突入。ＩＳＩ規模拡大。 |
| 2011年5月 | アメリカ軍特殊部隊がパキスタンでアルカイダのオサマ・ビン・ラディンを殺害。 |
| 2011年12月 | アメリカ軍のイラクからの撤退完了。イラクのマリキ首相、スンニ派の弾圧開始。スンニ派の元イラク軍精鋭がＩＳＩに接近。 |
| 2013年7月 | バグダディの部隊が、バグダッド西部のアブ・グレイブ刑務所を含む8カ所の刑務所を攻撃、500人以上の囚人を解放して自軍に編入。 |
| 2013年9月 | シリア内戦激化。アレッポで政府軍と自由シリア軍とが衝突、アレッポ市街は廃墟と化す。このころ、ＩＳＩの戦闘グループ「ヌスラ戦線」の勢力拡大。ＩＳＩとヌスラ戦線の内部抗争の結果、両派は分裂。バグダディが「ＩＳＩＳ」の設立宣言。ヌスラ戦線をしのぐ一大勢力に。 |
| 2014年6月 | このころまでに、ＩＳＩＳはシリアからイラクに及ぶ広大なエリアを占領。イラク第二の都市モスルを支配下に置く。バグダディがカリフを名乗り、カリフ統治国の建国を宣言。 |
| 2014年8月 | アメリカ及び有志連合、ＩＳＩＳ支配地のラッカや石油基地を空爆開始。ＩＳＩＳに甚大な損害を与えて弱体化を図る。 |
| 2015年3月 | イラク軍やクルド民兵がＩＳＩＳ支配下のティクリートの大半を奪還。 |

# 解説

高山正之

イスラム世界から世俗主義に転じ、もっとも近代化に成功したイラク、シリアで、狂気のイスラム原理主義集団「ＩＳＩＳ」が突如生まれたり、サダム・フセインに毒ガス兵器まで供給した米国が一転、そのサダムを潰したり。

傍からみると訳が分からない展開が続く中東。それを理解するには二つの基礎知識がいる。民族と宗教。そして油だ。油がなければ中東問題は世界の問題にはならなかった。

「民族」は単純で、中東の半分はセム族が占める。セムとは旧約聖書に出てくるノアの次男の名。因みに長男ヤペテは白人の、末っ子ハムは呪われたカナン人、エジプト人の祖になる。

セムはアブラハムの時代に二つに分かれる。彼が女奴隷ハガルに産ませた子イスマエルがアラブの祖に、正妻サラが産んだイサクがユダヤの祖になる。これで分かるようにユダヤはアラブを見下してきた。

中東の残り半分はペルシャ人が占める。今のイラン人だ。その名が示すように祖はギリシャ神話のペルセウスで、人種的にはインドアーリアン。今のイランという国名も、そのアーリアンからきている。アケメネス朝の時代から中東に君臨しセム系の民を支配し、それは七世紀、イスラムの登場まで続いた。つまり、ペルシャ人はセム系を見下してきた。セムの中東ではユダヤがアラブを見下してきたという構造があった。

「宗教」もこの二つの民族が大きく関わる。まずペルシャに「神が人をして語らせる」いわゆる預言者宗教のゾロアスター教が登場する。紀元前一〇世紀ごろという。

この世を善と悪、陰と陽の二元論で語り、善神アフラマズダと悪神アンラマインユが存在した。聖典「アベスタ」には悪が優勢になったとき、泉で沐浴する処女が救世主サオシェントを身籠る話が出てくる。生まれた救世主は人間とともに悪神と戦い、これを地下に封じて「千年王国」を実現する。千年王国の終わりには「最後の審判」があって、すべての人は金属の溶けた灼熱の川を渡り、善き者は彼岸へ、悪しき者は地下に流され悪神とともに焼かれる。

BC六世紀、バビロンの虜囚に遭ったユダヤ人は民族の記録を編む。これが旧約聖書（ユダヤ教）だが、なかで神はノア、アブラハム、モーゼらに啓示を与える形をとっていて、ゾロアスター教から多くのヒントを受けている。「最後の審判」もほぼ引き写しだが、ただ、ゾロアスターの善悪二神の世界を一神教に変えたために「万物を創造した神は悪魔も創った」矛盾が出てきた。

このユダヤ教からナザレのイエスの受難をもとに新約聖書（キリスト教）が編まれる。ここにはゾロアスター教の「処女受胎」「千年王国」が語られている。

このユダヤ教、キリスト教を踏まえて七世紀、神は最後の預言者にムハンマドを選び、イスラム教が登場する。若い宗教集団はあっという間に中東を席巻、中東の覇者ササン朝ペルシャも倒してイスラムは世界宗教の一つにのし上がった。

ムハンマドはこの戦いのさなかに死に、後継者問題が起きる。有力候補はムハンマドの従弟で彼の娘ファティマを娶ったアリ。預言者の血をもっとも濃く受け継ぐ正統者と主張したが、アリも彼の二人の息子ハッサン、フセインも殺され、実力者が仕切るカリフ制が敷かれた。

このアラブ人のイスラムに対して別派がゾロアスター教の国ペルシャに生まれた。なぜペルシャに生まれたか。ユダヤ教もイスラムもこのペルシャの宗教から派生したいわば孫宗教だ。しかも無理に一神教にした矛盾もある。それに見下してきた民族から迫られる改宗は苦痛だった。

そこで教義をゾロアスター風に改め、さらに以下の伝説がつくられた。「預言者の血を引くアリの息子フセインはササン朝最後の王ヤズダギルド三世の娘シャハルバヌーを娶り、ザイヌールアビディーンが生まれた」「ムハンマドの正統後継者（イマム）の血筋にペルシャ人の血が入り、それは一二代イマム、マフディまで続いた」。

これが別派「シーア派（アリの党）」だ。特徴はフセインへの敬愛で、彼がカルバラで殺されたアシュラの日にはその受難を嘆き、自らの体を鉄の鎖で鞭打つ行事が今も盛んだ。

フセインを殺したアラブ民族は憎しみの対象で、それはイエスの受難を理由にユダヤ人を憎むキリスト教徒の姿に重なる。

シーア派はイラク東部カルバラの聖地で一部アラブ人が信奉するが、基本的にはペルシャ独自の宗教と見るべきだ。

中東問題はこれに「石油」が絡む。本書序章には今の混沌は「前世紀から中東で生起したあらゆる事象の結果」とある。その通りでそれはすべて石油のことなのだ。

最初は第一次大戦だった。発端は東方正教会のセルビア人によるローマンカソリックのオーストリア皇太子の暗殺だった。オーストリアに民族も宗教も同じドイツがつき、セルビアには同じく東方正教会のロシアがつくが、これにイスラムのオスマントルコが参戦しドイツについた。トルコはロシアに奪われた北辺の領土を取り返したいと思っての参戦だった。

これを見て英仏は即座にセルビア・ロシア側についた。宗教的にはあり得ない選択だが、理由はオスマントルコが持つ中東だった。そこに潤沢な石油資源があるからだ。

彼らの戦争に大義はない。米国も参戦してトルコは敗れ、サウジ、クウェート、イラク以下の石油埋蔵地域は英仏が手に入れた。

第二次大戦も同様で、連合軍は早々に中立イランに侵攻して占領、リビアを含むマグレブ地方の石油資源も欧米が掌握した。このころの中東イスラム世界はかつてキリスト教会が支配し、魔女狩りの迷信が横行した中世欧州に似た沈滞が支配していた。だから石油メジャーの勝手にもまとまった反発はなく、例えば一九五〇年代、イラン首相モサデクが石油国有化を実施したが、いともあっさり米国指導のクーデターで失脚させられている。

しかしルターやフスらの宗教改革で欧州中世の闇が終わったように、イスラムのくびきを脱しようとする指導者はいた。スエズ国有化を実行したナセルもその一人だが、もっとも目覚ましかったのがイラクのサダム・フセインだった。彼は石油メジャーの仲間割れを誘って一九七二年、イラク石油の国有化を実現した。彼は莫大な石油収入をもとに国のインフラを整備し、学校教育を充実させ、とくにイスラム法の下で社会から隔離されてきた女性の解放に努力した。女にかぶせていたチャドルを脱がせ学校に通わせた。彼はその功でユネスコから表彰も受けている。

サダムはまたモスクが握る農地を取り上げ、世俗政権による政治体制を築いた。「彼はスペアリブとマテウス・ロゼを好んだ」とコン・コクリン『サダム』にある。

固陋《ころう》なイスラムは反発し、とくに過激なシーア派による暗殺未遂事件は一〇回を超えた。サダムはその都度、厳しい報復を行った。

サダムの成功は大きかった。アラブ諸国は次々と石油国有化に挑んだ。イランのパーレビー皇帝は、さらに一歩を進め、中東の石油を国際戦略の手段として欧米と対等の関係を築こうとした。彼はその石油収入を国家の近代化の原資にし、国内ではモスクの利権を制限、教育を拡充した。「二一世紀はイランと米ソと日本の時代になる」と語ったのもこのころだ。

危機感をもったホメイニ師は狂信者集団を使って社会騒乱を引き起こした。しかし欧米はこの中世もどきの宗教騒擾《そうじょう》を放置し、結果まさかのイスラム革命が実現した。

パーレビーは追放され、テレビは毎日のように国軍幹部、皇帝の側近などの処刑を伝えた。イランの民は酒も豚肉もダメ、不倫は冗談でなく処刑された。この書にもＩＳＩＳの異常がつぶさに語られるが、それはホメイニ師のイラン統治と変わることはなかった。本書で不倫の女性の石打刑が語られるが、テヘランに駐在したころ、それのテレビ中継もあった。賑やかな街の広場で三人の青年が売春斡旋の罪で絞首刑にされるのも見た。

五〇〇〇万国民を七世紀の世界に引き戻したホメイニ師は、その勢いでイラク領内のシーア派にイスラム革命を促し、それがイ・イ戦争のきっかけになった。アラブとペルシャの民族戦争は、異端シーア派によるアラブ・イスラム制圧の意図も含んでいた。

この戦いは外部の思惑も誘った。サダムはこの戦争に毒ガスを使ったが、実はそれが米国からの供与だったことが『インターナショナル・ニューヨークタイムズ』（二〇一四年一〇月一四日）にすっぱ抜かれた。米国は一方で、イランにも対戦車ミサイルなどを供与（イランゲート事件）していた。米国はこの戦争が長引くことを歓迎していた。そしてイ・イ戦争は実に八年も続き、両国は疲弊した。

イラクは国力を消耗し尽くしたところで米国に戦争を仕掛けられて滅ぼされる。サダムは「シーア派を残忍に虐殺したスンニ派の暴君」という本人も周りも信じられない汚名を着せられてシーア派に引き渡され、殺された。

「二一世紀にはアジアの東の日本になる」とパーレビーが言ったイランは、戦争の消耗に増して宗教政権がもたらした退歩が国民の活気を奪い、三〇年間の経済の停滞のなかにある。

イスラム世界ではそれでもいくつかの国が近代化を進めたが、そこに「アラブの春」が起きる。最初はチュニジアだった。

二〇一〇年一二月、失業青年が警官に暴行され、焼身自殺したのがきっかけでベンアリの長期独裁政権はあっけなく倒された。ベンアリは国外に脱出し、イスラム政権が誕生し、西側と同じに街を闊歩していた女性が表通りから消えた。

アラブの春はエジプトに飛び火し、ムバラクが追われ、ここでもイスラムが復権、ムスリム同胞団のモルシーが跡を継いだ。さらにリビアにも「民主化」の波が押し寄せ、カダフィは八カ月後、砂漠のなかで反対勢力に射殺された。

アラブの春はシリアにも燃え広がった。バシャール・アサドは父ハフェズを継いでこの国を仕切っていた。彼はシーア派に近いアラウィ派で、スンニ派を虐殺してきたと報道される。残忍な独裁者を倒すために欧米が反対勢力を支援してきたが、バシャールはまだ潰れない。

その間に荒れたシリア北部に予期せぬＩＳＩＳが登場するのだが、いかにも良さげに報道される「アラブの春」には当初から疑問の声が出ている。

例えばチュニジア。ベンアリは確かに長期政権だが、もっと長かった旧ユーゴスラビアのチトーは文句も言われない。彼は国民を縛ってきたイスラムのくびきを外し、四人妻制を廃し、酒の禁忌もない普通の国にした。発端の青年の焼身自殺も実は婦人警官に注意され、反抗して殴られたのを恥じての自殺だった。固陋なイスラム圏では女が仕事をし、男をブッ飛ばすなどあり得ない。チュニジアが実は民主化、西欧化の極みにあったことを証明しているではないか。

リビアのカダフィも同じ。米国は砂漠の狂犬と非難するが、ベンアリ以上にイスラムの旧弊を廃し、無償教育を実施し、石油収入をもとにアフリカ通貨基金を設立し、欧米の干渉からアフリカを解放しようとさえしていた。

彼を倒すのにＮＡＴＯ空軍は延べ五〇〇〇回も出撃し、最後は夜盗の群れに彼を委ねて殺させた。リビアは四人妻が復活し、治安は乱れたまま。ただ石油だけは出している。

実は、イ・イ戦争を含めて中東で起きたすべての事象は、このリビアの形が狙いだったのではないか。「中東に覚醒はいらない。混乱か停滞のなかにあって、ただ石油さえ出していればいい」。

そう見ればイ・イ戦争で米国が双方を支援して戦争を長引かせた意味もわかる。勝手に開明したサダムやカダフィを潰し、リビアを混乱に引き戻したのもホメイニ師の狂気を実現させたのも、「中東世界は石油だけ出していればいい」という文脈で通底している。

アラブの春は今、シリアのバシャール・アサドを標的にしている。彼は英国に学び、英国女性を妻にし、本業は医師だ。宗教紛争とは無縁で、サダムなき今、アラブ諸国を率いる最後の指導者とも言われてきた。だからこそ狙われているともいえる。

本書のテーマＩＳＩＳはそのシリアの荒廃から生まれ、イラクに広がっていった。ともにイスラムから離れた世俗政権バース党を基盤にする国だった。

アラブ近代化の先駆を務めた二つの国は今は荒廃しきっている。おまけにアラブ民族の歴史的中心地バグダードにはアラブの民が絶対に受け入れないシーア派政権が置かれた。仕組んだのは本書にあるように米国だ。アラブ諸国の団結は当分、望めない。

アラブ近代化の指導者は次々泥にまみれて倒され、国土は荒廃し、シーア派だけが増長する。その絶望感にＩＳＩＳの生まれる素地があったのではないかと思われる。

本書では略奪と殺戮に生きるＩＳＩＳを厳しく指弾するが、その姿は実は七世紀に登場したムハンマドのイスラム集団と同じだ。彼らはコーランに従って行動した。

本書第一二章「セックス」には女を奪い、一部を本部に上げ、残りは戦士に分け与えるとある。本書はそれを非難するが、同じ規定がコーランの下敷きになった旧約聖書民数記にある。「子供と男を知った女は皆殺しにせよ。処女は一部を神に捧げ、残りはお前らに与える」。モーゼの言葉だ。因みにＩＳＩＳが処女を除き人妻も子供も皆殺しにしているのも、この民数記の記述による。

略奪も旧約聖書が認める。現にバグダードを落とした米兵や米報道陣が博物館から文化財を奪い、米国の空港でその多くが押収され返還された。

本書にはＩＳＩＳの結婚のことが描かれている。イスラム世界では新婦の親に払う莫大な結納金がいる。金持ちはだから四人も妻が持てるのに貧乏人は結婚もできない。

ＩＳＩＳはその固陋なイスラム式結婚を廃し結納金なしの結婚を勧め、それがイスラム世界の男女をここに惹きつけている。ＩＳＩＳに人が集まるのは、サウジを含む今のイスラム世界があまりに固陋なためだ。しかし、それを開明しようとした指導者は欧米の都合で潰されてきた。

ＩＳＩＳは、ある意味で欧米の中東政策が産んだ鬼っこと言えなくもない。

本書にはＩＳＩＳが攫《さら》ってきた女の子たちを施設に入れて男たちの慰み物にし、妊娠すると堕胎できない時期まで待って解放する「ならわし」に触れている。

気高く道徳的な白人には理解できない異様さだと言っているが、これと同じ事案が実は92年ボスニア紛争についてのベバレー・アレン『ユーゴスラビア 民族浄化のためのレイプ』に出ている。そこに引用された国連報告書にはセルビア軍による敵側の婦女の拉致と常習的な強姦が描かれ、妊娠後も中絶ができない時期まで確保してからやっと解放するとある。アレンは「相手民族の血を汚し、民族の純血性を失わせるための伝統的な処置」としている。

強姦側に国連監視団の白人士官も混じっていて問題化したが、強姦してできた子を産ませるという対応は別にＩＳＩＳに限ったことではないことを付け加えておく。

一つ言えるのは、もし中東に石油が出なかったなら、サダムやカダフィの近代化の努力はきっと白人世界からも祝福されたに違いない。

This edition published by arrangement with Center Street, New York, New York, USA. through The English Agency (Japan) Ltd.

著者

**ベンジャミン・ホール（Benjamin Hall）**

紛争・災害ジャーナリスト。米デューク大学卒業、現在はロンドン在住。2006年以降、ハイチ、リビア、イラク、イランやシリアなどで、ときには反政府組織、テロリスト組織に潜入し取材している。ニューヨークタイムズ、サンデータイムズ、インディペンデントやエスカイアなどに寄稿。またBBCやFOXニュース、イラクのテレビ局などへの出演経験もある。

訳者

**夏野翠（なつの・みどり）**

1947年生まれ。都内の外国語大学で数か国語を学ぶ。卒業後、商社で長らく中東駐在員として勤務。その後、翻訳者・フリーの編集者に転身。インタビュアーとしても、政財界・スポーツ界の多くの著名人の取材経験あり。

解説

**髙山正之（たかやま・まさゆき）**

ジャーナリスト。1942年生まれ。東京都立大学（現・首都大学東京）卒業後、産経新聞社入社。社会部デスク、テヘラン、ロサンゼルス各支局長などを歴任。2001年～2007年まで帝京大学教授。『プーチンよ、悪は米国に学べ』（新潮社）など著書多数。

写真提供：アマナイメージズ


# なぜISISは平気で人を殺せるのか

2015年6月16日　第1刷発行

著　者　　ベンジャミン・ホール
訳　者　　夏野 翠
発行者　　唐津 隆
発行所　　株式会社ビジネス社
〒162-0805　東京都新宿区矢来町114番地 神楽坂高橋ビル5階
電話　03(5227)1602　FAX　03(5227)1603
http://www.business-sha.co.jp

印刷・製本　大日本印刷株式会社
〈カバーデザイン〉大谷昌稔　〈本文組版〉茂呂田剛（エムアンドケイ）
〈編集担当〉斎藤 彬　〈営業担当〉山口健志





ISBN978-4-8284-1820-9